中国餐饮业老板、主管和
从业人员的思想库和工具库

★★★★★

餐饮经营与管理

温俊伟　古锦鸿◎编著

餐馆开业采购指南

Canguan Kaiye
Caigou Zhinan

47

唯高餐饮
经典书库

中国物资出版社

图书在版编目（CIP）数据

餐馆开业采购指南/温俊伟，古锦鸿编著．—北京：中国物资出版社，
2010.4

（唯高餐饮经典书库）

ISBN 978－7－5047－3346－7

Ⅰ．餐…　Ⅱ．温…　Ⅲ．餐厅—采购—指南　Ⅳ．F719.3－62

中国版本图书馆 CIP 数据核字（2010）第 024865 号

策划编辑　黄　华
责任编辑　黄　华
责任印制　方朋远
责任校对　孙会香　梁　凡

中国物资出版社出版发行
网址：http：//www.clph.cn
社址：北京市西城区月坛北街 25 号
电话：(010) 68589540　邮编：100834
全国新华书店经销
北京京都六环印刷厂印刷

开本：710mm×1000mm　1/16　印张：13.75　字数：169 千字
2010 年 4 月第 1 版　2010 年 4 月第 1 次印刷
书号：ISBN 978－7－5047－3346－7/F.1330
印数：0001—8000 册
定价：26.00 元
（图书出现印装质量问题，本社负责调换）

《唯高餐饮经典书库》编委会

总　序

　　乘改革开放的快车，经历了三十年的风风雨雨，现今的中国餐饮业已经成为市场化程度最高、竞争最激烈、发展速度最快的行业之一。它曾经吸引了成千上万投资者的目光，并给了其中许多人以丰厚的回报。只有经营过餐饮企业的人才会明白，日进万金其实不是神话，而是完全能够实现的事情。

　　但是，面对新开的餐馆越来越多、赔钱的餐馆也日渐增多的残酷现实，不少业内人士既感到惶恐不安，又感到困惑不已。为什么昨天还客似云来的海鲜城，今天却少有人问津？为什么仅一墙之隔的两家火锅店，一家烟雾腾腾，一家却锅冷人稀？为什么麦当劳、肯德基等洋餐馆能春夏秋冬没有淡季，而不少中餐馆却时冷时热，有时甚至该旺不旺？为什么有些昨天还几乎是一贫如洗的下岗职工，今天已经变成了腰缠万贯的餐馆老板；而有些昨天还是指指点点地吆喝着的老板，今天却又重新回到了打工仔的行列……

　　据我们调查得知。从投资者、老板到各级从业人员，都很想探究所有这些问题的奥秘，很想在餐饮业这一宝山中挖到金矿。但是，一个实际困难却摆在他们的面前，那就是在茫茫书海中，介绍健康食品、家庭菜式的不少，但介绍怎样开办、经营餐馆的书籍却不多，即便有也是零零碎碎，且不够通俗易懂，缺乏可操作性。现在，我们可以满怀信心地告诉读者，这个困难可以解决了！

我们在经过长期准备和酝酿之后，与中国物资出版社、广东烹饪协会、香港维高餐饮经营管理策划公司联合策划、出版了《唯高餐饮经典书库》系列丛书，填补了这方面的空白，以推动中国餐饮业的发展，帮助众多餐饮业老板和从业人员圆其创业梦与发财梦。

《唯高餐饮经典书库》系列丛书的作者们，既有资深的餐饮业老板、总经理、高层主管和培训人员，也有专家、教授、作家、记者和编辑，他们都以强烈的责任心，深入餐饮业基层，对老板、员工反复采访，收集了大量的第一手资料，并认真研究餐饮业的理论知识。本系列丛书，是他们为餐饮业创造的宝贵财富。

本系列丛书涵盖的范围广，涉及餐馆运作的方方面面，包括经营技巧、经营理念、管理方法、服务技能和员工培训等许多细节，内容极其丰富，知识面极其广阔，因而具有全面性和实用性。

本系列丛书既有深入浅出的理论阐述，也有生动有趣的实例，可操作性强，可读性也强。

本系列丛书还力求在创作理念上与时代同步，有一定的超前性，蕴涵着一定的指导意义。

我们深信，《唯高餐饮经典书库》系列丛书一定会成为广大读者的良师益友，一定会为他们带来美好的"钱景"。

《唯高餐饮经典书库》编委会

2010 年 2 月

前　言

　　餐馆开业，千头万绪，令很多初涉餐饮行业的投资者颇为茫然，除了选址、办理一切证照、装修、培训员工等几大项外，还有一大项是挺琐碎又挺令人伤脑筋的，那就是开业的采购。究竟需要采购些什么，各种物料需要购买多少才恰如其分不至于浪费，这些物品各自的用途又是怎样的，采购的基本原则以及指导思想是什么，各项具体的物品如何选购，购置后应如何存放及管理，等等。虽然这一切都可以聘请职业经理人具体操作，但是投资者若不懂个中的基本规律，不懂如何从各个管理角度去审视开业中的采购，那么，他就不可能对职业经理人的工作做出合乎实际的评价；那么，他对自己投资的这一项目的认识就是朦胧的，如此，极不利于降低开业成本，极有可能推迟赢利期的到来。

　　餐馆开门迎接八方客，菜品上了台面后能否吸引食客，除了厨师的烹饪技术外，采购也是极其重要的一环。清代美食家袁枚在讲到"一席佳肴"时曾评论说："司厨之功居其六，采办之功居其四。"对采购的重要性可谓强调至极！

　　俗语说："万事开头难。"这是千真万确的，但是一旦把头开好了，今后的路就会畅顺得多；相反，头开不好很多烦恼的事情就会接踵而来。

　　其实，所谓成功的采购，就是在满足餐馆经营需要的范围内，在保证质量的前提下，获得最理想的采购价格。采购的过程，是一个制订采购预算、物色供应商、看货议价、付款验收、运输储存的过程。

为了最大限度地降低采购成本，为了使采购的物料能更大地发挥作用，为了使采购的物品更富时代色彩，以提升餐馆的档次，推动餐馆的经营，为了使投资者对投资项目有更明晰的、清醒的认识，对采购行为有更有效的、理智的控制，我们编写了这本书，以帮助投资者和管理者共同推动企业和谐发展。

本书的物料购置参考方案是按中型餐馆约 500 个餐位的需要展开论述的。其中一切种类、规格、用量、仓存数量只是一个概数，仅供读者参考，而实际采用何种用具、设备和餐具，采用怎样的规格、用量多少、备用多少，必须由主管人员按其店铺所在区域、场地使用面积的大小及仓库容量的多少、生意旺淡、档次高低、顾客流量、采购物品是否便利等因素而定，实际所需数量及规格，或需增添、减少、改变，或需重新拟定，务求符合"工欲善其事，必先利其器"的原则，购买过多则积压资金，增加仓管压力，甚至造成浪费；购买过少则不够使用，生意兴旺时捉襟见肘，狼狈不堪，导致顾客流失，故要十分谨慎。比如餐具，如果供货商供货十分方便快捷，讲信用、保质量，库存量就可以大幅度减少，可以不挤占库房，也不用积压资金。

本书从理念到实操，从细小的、具体的物品采购认知到大宗的物品采购行为的管理，都有详尽的叙述与介绍，一定会是投资者和管理者的好帮手，一定有助于你的餐馆健康成长。

作　者

2010 年 2 月

CONTENTS 目录

1

一

开业采购的基本原则

无规矩不成方圆，原则就是一种规矩，做任何事情都必须遵循一定的原则。

由于是开业，一切都要从头做起，那就要先定下一些最基本的原则，再按照这些原则循序渐进地把一件又一件事情做好，那样才会有条不紊，不至于手忙脚乱；如果没有原则，面对千头万绪的工作，就会如同老鼠拉龟似的，无从下手。采购是餐馆开业中最重要的程序之一，是餐馆今后能否赢利的首要环节，必须做好。

（一）组织好采购团队的原则

开业采购的内容很广，不光是为出品部采购食品原材料，还要为餐饮企业内各个部门采购其工作必需的用品、用具以及设备，采购为服务

1

顾客所必需的家具、餐具、电器等，既要实用，又要价格相对便宜和合理。一旦开业，天天都要与供应商打交道，职业的品格就显得特别重要。一位开餐馆的朋友告诉我说，采购真是一个很重要的岗位，如果错用了没有职业品德的人，一旦他们热衷于吃回扣，他们的心就不会放在如何采购回价廉物美的物品和原材料上了，特别是食品原材料的质量一出问题，或者成本一提高，餐馆的利润就会大打折扣。所以，采购经理、采购主管和采购员一定要选对人，一定要建立起一个讲诚信、有高度责任心、有合作精神的采购团队。

1. 采购人员的素质

（1）一贯忠诚，作风正派，不沾赌、毒、嫖等不良习气，不嗜酒成性。有些人可能说，个人的生活作风都是私人的小事，只要他把本职工作做好就行了嘛，何必去管他个人生活上的这些琐事？其实不然，这些生活上看似小事的事情，很可能把他的人毁了，把餐馆的事业毁了。赌、毒、嫖都是要花大钱的。上述不良习气只要沾了一项，就可能令人倾家荡产。自己的钱花光了，必然就会在公家的钱上打主意，那么，吃回扣、虚报账目、虚报价格等念头就会支配着他，从而使他产生相应的损害餐馆的行为。同样，嗜酒成性的人也经常会因醉酒而失去理智导致坏事。

千万不要尝试把有以上坏习惯或有其他不适合当采购员的坏习惯的人转变成好员工，这通常很难实现，只会浪费你的时间。最好的办法是尽可能早地解雇他，正所谓"江山易改，本性难移"！这类员工只会帮你的倒忙，不仅他自己的工作完成不好，还会对其他员工产生负面影响。快刀斩乱麻，彻底摆脱他们，将是最明智的选择。

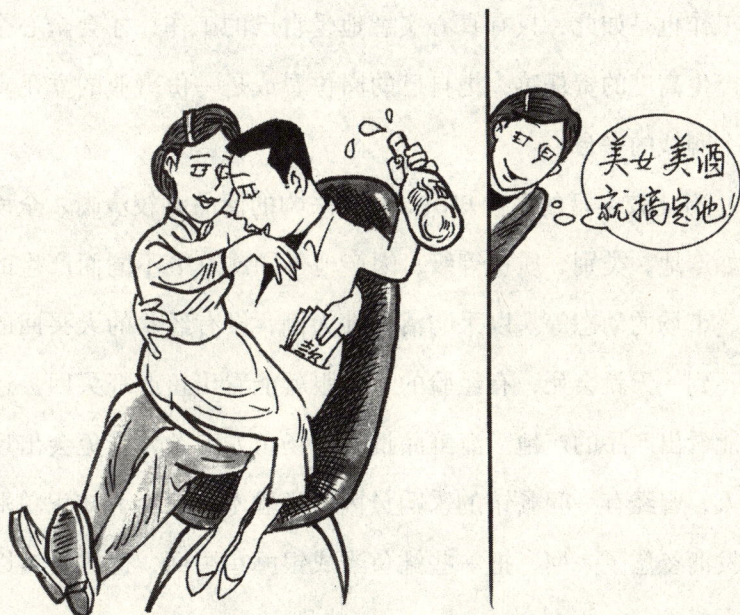

（2）不怕吃苦，不斤斤计较个人得失，处事皆能出于公心。采购工作季节性强，时段性也强，特别是价格和质量在这方面表现得比较突出。因此采购员要比较勤地走市场，检查仓库，多与总厨以及仓库保管员沟通，心中要经常装着整个餐馆的营运，绝不能老是计较着我一天工作多少个小时。半岛集团属下一家酒店的总经理，为了尽量降低出品的成本，为了经常创新菜式，他把熟知各个时期、各个时段海鲜原材料的价格和质量当成是工作中的重要一环，经常亲自在早上六点多钟就赶到海鲜批发市场去了解行情，然后赶回餐馆安排一些日常的工作。总经理都能如此以身作则，采购员还能偷懒？

（3）热爱采购工作，认真负责，有强烈的事业心，把本职工作当成是提升自己的平台。俗语说，爱他人，你才会心甘情愿地为他人付出一

切。对工作也是如此，只有真心实意地爱自己的工作，才会全心全意地投入，产生高度的责任感，把自己的岗位看成是一份事业的立足点而不只是一个赚钱的平台。

（4）有比较丰富的专业知识，对所采购的商品有较清晰、全面的了解，比如产地、类别、质量等级、因产地不同或季节不同而产生的不同的价格、市场的动态等。以采购活鱼虾为例，没有经验的人买回的商品往往养不到一天就会死，有经验的人一眼就能看出鱼或虾买回去还能养几天，能看出产品的产地。海鲜品批发市场鱼龙混杂，难免会出现一些不法商人，曾经有一间餐馆的采购员因为经验不足、专业知识单薄，以致被批发商忽悠了一回，把一些鳕鱼当成银鳕鱼买回，造成餐馆以及自己的很大损失。

眼下的生产厂家和供货商，人员构成十分复杂，制假售假之风甚盛，对于这股歪风社会上曾流行一句颇耐人寻味的话："只有我们想不到的，没有他们做不出来的。"比如，有些人在成为一种品牌食用油的特约经销商后，不是规规矩矩地合法扩大经销，而是打坏主意，以品牌油作为招牌，暗地里以次充好，把在外地加工的一些低价低品质油装进品牌油的罐子里，这些油虽然品质比较低，但毕竟也基本合乎卫生标准，于是就大模大样地按照品牌油的价钱卖往市场，大赚黑心钱。这些油的出路基本上都是城郊的一些小饭店，这些人在制假售假的同时，对采购人员大肆发射糖衣炮弹，不遗余力地拉他们下水。因此，采购人员除了要有正派的工作作风和生活作风外，还要有很高的辨假能力。

（5）有灵活的处事方式和应变能力，有较广泛的采购渠道，既能及

时采购到日常原材料和紧缺的原材料，又能做到不积压物料，保证餐馆的正常营运。

一些餐馆的采购老手采购海鲜，会选择在接近黄昏的时候购买一小部分快要结束生命的海鲜放在冰箱里，因为这样的海鲜肉质不会有太多的降低，但价格却比正常的价格低 2/3 甚至更多。翌日则可以用焖、红烧等烹调手段制成菜肴作为促销品，用比较低的价格售出，以作噱头吸引顾客来店消费，往往能取得很好的营销效果。

（6）有严格遵守法律法规的意识。饮食卫生，关系到客人的生命安全，也关系到餐馆的经营寿命。我们经常在报纸上看到，有些餐馆由于没有注意到出品的卫生，导致客人用餐后出现了问题，往往被停业整顿，严重的还会从此关闭。比如卫生部的《餐饮业食品索证管理规定》，餐饮企业要认真地执行，建立食品采购索证、进货验收和台账记录制度，

指定专（兼）职人员负责食品索证、进货验收以及台账记录等工作。作为采购员，一定要有依法把好食品原材料的关、保证食客吃进肚子里的东西都不会有损健康的意识。

（7）有团队的合作精神。采购员要有与同事合作、共同做好工作的良好意愿，经常性地主动与采购主管及其他采购员沟通，服从主管安排。采购主管也要经常性地与总经理、营业部主任（或餐饮部经理）、总厨（或厨师长）、仓管员联系。

最好的方式是组建采购组实行联动采购，用以防止自购时出现漏洞。即多个部门的人员一起参与采购的实际工作。现在，很多中小型的餐馆，问题大多出现在自购货品上。比如，未能提供合法的原始单据；一些自购商品甚至没有经过仓管员验收就直接调拨到使用部门；自购部分货品质量较差，未能按质量标准购买；仓管员和使用部门对自购货品过秤时采购员不在现场核对，等等。如果用联动采购的形式，就能相对有效地避免这些情况的发生。

2. 不宜担当采购工作的人员

（1）凡沾有赌、毒、嫖等不良习气以及嗜酒成性的人不宜担当采购工作。

（2）曾经在别的餐馆当过采购员，并主动要求来当采购的，要慎重考查，考查其跳槽而来的目的，考查其过去的业绩和人品。如有劣迹，过于注重江湖义气，爱慕虚荣，最好不要选用。

（3）曾经在别的餐饮企业干过采购工作，由本企业内的采购员或采购主管介绍引荐而来的，一定不能选用。因为这些人很可能原来就是哥

们儿或旧同学的关系，聚在一起容易结成利益小集团而损害餐馆的利益。

（4）上级主管部门的领导、有关人员及其亲友指派或介绍来的人一般不宜指派其做采购员，因为这些人仗着有靠山会无所顾忌，不服指挥，无视制度和领导，一旦出了问题很难处理。

3. 采购部组织架构

一个餐馆采购部的大小视餐馆的经营规模而定，好多私营的小餐馆没有设采购部，笔者考察了相当数量的有两三百个餐位的小餐馆，它们都是由老板自己把采购的一切工作包揽下来。如果老板有这个时间和精力，那当然是滴水不漏，但如果是中型以上规模的餐馆，老板想包揽可能就力不从心了。这时，就要组织起一个采购组或采购部，哪怕这个组或部只有两三个人。

以一间七八百个餐位的中型餐馆为例，如果只是一间店而没有分店，就必须设一个采购主管，主管下面设一两个采购员，采购部还得设仓库，仓库如果规模比较大还得设一个主管并配备仓管员。

（二）健全采购管理制度和岗位职责的原则

光是组建好采购团队只是第一步，接下来很重要的就是建立并坚决地执行完善的管理制度，设定岗位并健全岗位职责。

健全制度包含着两个过程，一是决策——建立制度，二是执行——落实制度。这两个过程是有机联系、互为依存的，有制度不能执行，制度就是一纸空文；没有制度也就无所谓执行。只有两者都同时做好了，

力量才能发挥出来。好的制度加上有力的执行，能把一个涣散的队伍变成一个有战斗力的团队；制度的缺失或缺乏有力的执行，再好的团队也会迅速垮掉。

也许读者都听过下面的故事。

18 世纪末，英国人把足迹印在了澳洲，宣布澳洲为其领地。但是，怎样开发、建设这块辽阔的土地却令他们绞尽了脑汁，因为当时在英国国内谁也不愿意到这满目荒凉的地方。于是，英国政府只好把本国的罪犯发配到那里去，他们委托了私人船主运输这些未来的"建设者"。由于运输条件极其恶劣，罪犯们的生命在船主眼中是猪狗不如，因此运输途中罪犯的死亡人数很多，有时死亡率甚至高达30%。英国政府虽然屡变招数，绞尽了脑汁，花了无数金钱，却始终徒劳无功。但后来，谁也想不到一个小小的制度变动却完全扭转了局面。英国政府将原来按从英国出发的罪犯人数给船主付款的做法，改为按照到达澳洲的人数向船主付款。这一改，马上立竿见影，船主对罪犯的生命顿时变得无比重视，罪犯死亡率竟然直线下降到零。这就是制度以及执行的神奇力量。

1. 采购部职能

（1）负责餐馆的食品、原材料及各种物品的采购工作。

（2）负责餐馆食品定价会的安排事宜。

（3）负责餐馆各部门物料申购计划的审核工作。

2. 采购部日常基本工作规程

（1）严格遵守财务有关制度，在开展采购业务中，遵纪守法，讲信誉，不索贿，不受贿，与供货单位建立良好的业务关系而不是私人利益

交换的关系，彼此以公对公，在平等互利的原则下交易。

（2）每天审核各部门递交的采购计划是否符合有关手续规定，确定采购内容及基本采购渠道，及时安排采购，确保各类物品原材料的正常供应。如违反了规定就要返回重做计划。

（3）根据各部门采购货单，审核所需各类物品、原材料的名称、型号、规格、产地等项目是否齐全，如发现某项不清楚，须立即与该项的使用部门了解，认真核对无误后再进行采购，避免出现错购。

（4）认真审核各部门的大宗采购计划，根据库存情况提出意见或建议，报总经理审批。

（5）各项采购计划及每日所需的各类物品、原材料，必须选择不少于三家的供应商报价，并协同相关使用部门的经理或主管对其做质、价评定。提出综合建议，报总经理审核批准后，签订供货合同。

（6）对定性、常用性的物品及原材料，必须按库存的有关规定做好周期性的计划，及时补仓（库存计划由各部门经理编定，呈总经理批准后执行）。

（7）有关采购员要协同仓管员及申购部门指定的收货人员按质按量把关验收，发现货不对板或质量、数量不符合要求等问题，必须及时与供应商联系，作拒收或退货处理，保证本企业利益不受损害。

（8）所有购进的物品、原材料，必须按批次及时办理入仓手续，并随即到财务部报账，不得拖账、挂账。

（9）每周或每旬定期与财务部有关人员、总经理组织的人员一起进行市场物价调查。

（10）蔬菜或者一些鲜活产品不需入仓的，要连同用货部门的验收人员一起验货，核对数量，并马上开出直调单，一份交财务，一份交用货部门，一份采购部自留。

3. 开业筹备期间的物品采购程序

（1）各使用部门主管详细制订本部门开业所需的各类物品、食品、原材料采购计划，尽量周全些，避免遗漏品种或数量不足而增加采购部门的工作量。

（2）大一点的餐馆如果还有大部门，各大部门经理须对本部门的采购计划做汇总审核，并制订出本部门各类采购项目明细表递交采购部。

（3）采购部对各使用部门订出的所需采购项目进行整理、分类，然后向有关厂家或供应商询价，由采购部主管制订餐馆开业所需的各类物品、食品、原材料（有质量等级及产地要求的须列明）及其采购价的采

购报价汇总表并递交财务部。

（4）财务部对采购报价汇总表所列出各项目的数量、价格进行核算。由财务部经理制订餐馆开业所需的各类物品、食品、原材料的采购预算报告并呈交总经理。

（5）总经理对采购预算报告作全面审核，确认价格无误、项目无遗漏、数量恰当后，提交执行董事作最后批示。

（6）执行董事批示后交还总经理退回财务部，采购部填写请款单按计划及时对各项目逐一采购。

4. 采购部岗位职责

1）采购部主管岗位职责

（1）协助总经理及配合各部门经理做好餐馆开业前各部门各类物品、器具、食品的备货工作计划，结合实际情况和应用需要，分类整理多种购货形式的操作方案（如是需生产厂家定做还是直接向供货商采购等），然后报总经理。一定要要认真核实各部门的实际需要，预防物资积压或存货过期。

（2）严格按批准的采购申请单内规定的品种、规格、数量及品质要求，按规定的程序及时进行采购，并控制好交货日期。一切要以文字为依据，树立"急为生产部门、一线部门所急，想为餐馆的声誉形象而想"的采购意识，对于申请部门所需物品要以最快速度、最好质量供给。如出现特殊情况，须及时向上级汇报，不可拖拉、误时、误工，如对工作有误者，视情节轻重按章处理。

（3）采购时，应多家报价，以质优价廉的原则确定选购，特别是质

量必须符合规定要求，尽可能自行直接从市场购买货物。严格执行采购供应工作方针，即"严格管理，廉洁奉公，保质、保量、保供应价比三家"。大宗及稳定性的采购项目，先预选供货单位，货比三家后择优签订合同，保证供给。

（4）尽量广泛及时地收集物品、器具、货品、食品、海鲜等市场信息，及时反馈给各部门经理，并向总经理汇报。

（5）与仓库要紧密配合联系，落实当天实际到货品种、规格、数量，把好质量关，决不可有虚假，货到位后通知申购部门催促领出。

（6）严格遵守财务制度，购进的一切货物办理进仓手续，手续办妥后立即到财务报账，不得拖账、挂账。

2）仓库主管岗位职责

（1）直接受采购主管领导，对总经理和财务总监负责，负责仓库的全面工作。

（2）了解和掌握本餐馆所需各种物资的名称、型号、规格、单价、用途、产地、供应商等。

（3）与时俱进地掌握市场行情，按酒家对物料的质量、规格的要求进行验收。

（4）检查物资领发是否账卡相符、账账相符、账实相符。

（5）熟悉和掌握各类物资的存放位置和存放方法等库存情况，做到勤督导、勤巡查，保证库存物资安全，对防火、防盗、防虫蛀、防鼠咬、防霉烂变质负有检查、督导的重要责任。

（6）经常性地对本部员工进行培训，负有提高部属的素质、业务能

力的责任。

（7）向财务总监和总经理汇报工作。

日常工作说明：

（1）上班前：提前 10 分钟到岗，检查属下的仪容仪表。

（2）上班时：①每天早上收货，核对申购单，检查货品的质量，清点数量，确认后送财务部。②发放物品时要根据申购单、申领单，认真填写核对。③检查各类物品的存货量，如存货不足，应通知相关部门及时补货。④物品发放时遵守先进先出的原则。

（3）下班后：检查核对每日发货量和存货量。

3）采购员岗位职责

（1）及时按照已核准的采购单采购。

（2）按照主管的要求，注意控制物料购进的进度。

（3）熟悉餐馆所需各种物资的名称、型号、规格、单价、用途、产地、供应商等。负责对原材料市场做与时俱进的行情调查并向主管汇报，并做好对采购物品的询价、比价、议价等工作，力求以最合适的价格购进优质货品。

（4）负责核实进料的品质和数量，如有异常要负责处理，自己处理不了要及时呈报主管处理。

（5）负责就交货期、交货数量、交货质量、交货价格等事宜与供货商做好协调。

日常工作说明：

（1）每天清晨，采购员需依据由厨部主管根据就餐人数的预计、物料库存量和"一周菜谱表"向采购员下达的"每日采购计划表"执行采购任务。"每日采购计划表"应明确需要采购的物品或原料的名称、数量，急用的需注明要货时间，对物品或原料有特殊要求的还应注明其要求。

（2）协助仓管员验收各种货物，随时处理验收时出现的各种问题。

（3）走市场，了解市场行情并与供货商沟通。

（4）随时采购突发性需要的货品。

（5）当天下班前通知各供货商出品部第二天的需货计划。

4）仓管员岗位职责

（1）根据餐馆对物资质量、规格的要求对物资进行严格的验收。

（2）对所负责的仓库物资的收发、保管等工作负有重要的责任。

（3）熟悉所管物品的名称、商标、规格、品种、单价、用途和存放

位置。

（4）对物资的收、发、保管要做到手续完备，账目清楚。

（5）若常用物品、用料、低值易耗品存货不多，要及时提醒采购人员按计划采购保证供应。对积压的物品要及时报告有关领导进行处理。

日常工作说明：

（1）上班前：提前 10 分钟到岗，检查自己的仪容仪表。

（2）上班时：①每天早上收货，核对申购单，检查货品的质量，清点数量，确认后送财务部。②发放物品时要根据申购单、申领单，认真填写核对。③检查各类物品的存货量，如存货不足应通知相关部门及时补货。④物品发放时遵守先进先出的原则。

（3）下班后：检查核对每日发货量和存货量。

5. 采购部工作流程

1）使用部门咨询仓库是否有所需物品或代替品

（1）如果仓库有库存，填写"出仓单"领货。

（2）如果仓库没有库存，则需由申购部门填写申购单，注明物品名称、规格、数量，主管签署到货时间，交采购部门，定出一定金额（比如 1000 元）以下的经常性支出，一定金额（比如 500 元）以下的非经常性支出，由总经理审批，超过的由执行董事批准。

（3）采购部门询价、购货。

（4）使用部门验收。①物品无法采购的或延期到货的需以书面形式通知申购部门。②合同供货按合同办理。③如出现反复采购造成浪费，应由相关部门处理。

2）使用部门验收程序

验收人员对采购员所采购的物品或原料进行验收，如发现不合格的，要将不合格的采购项填入《采购验收报告》交采购部主管审核。采购部主管是质量验收的最终把关人，应根据质量验收标准再次认真验收原料质量，并根据验收结果签署意见。经验收合格的物品或原料，除需立即使用的外，必须放进仓库保存。经验收质量不合格的物品或原料，按《不合格品控制程序》处理。

（1）质量验收。①非可食性的物品应保证实用、耐用。②干货类原料应保证干燥、无发霉。③时蔬类原料应保证新鲜、无腐烂变质。④包装食品应保证包装上注有生产厂名、生产日期、保质期等，并符合食品卫生要求。⑤食用油应保证色泽清纯、无异味、无杂质，未过保质期。

（2）数量验收。①供应商送货的计划数量与实际采购数量偏差应低于5%，超过5%的数量不足判为不合格；如果是即时使用的，采购部要马上着手补足数量。②自行采购不能少于计划数量，少于5%则判为不合格。如果是急用的，采购部也要马上着手补足数量。

（3）价格验收。以双方事前约定（书面或口头协议）的价格为准，超过原价格1%判为不合格。

（4）送货期验收。以"每日采购计划表"的时间要求为准，急用情况以口头约定时间为准，超过时间判为不合格。

（5）合作态度判断。供应商送货人员应在原料运输、搬放及工作人员沟通过程中保持合作的态度，对毫无理由的不合格且态度恶劣的服务情况，采购验收人员应要求改正，对屡次要求不改正的情况经采购部主管确认后判为不合格。

（6）验收时对不合格项的处理。经验收认为不合格的项目，应明确记入"采购验收报告"，作为供应商业绩评定的依据。①经验收人员（或使用部门）确认的不合格采购品，由采购部办理退货。若采购品已给企业造成一定损失，应报告总经理批示，由采购部负责向供方提出索赔；如公司因此蒙受较大损失则应取消该供方的供货资格，必要时还需追究其法律责任。②经评审认为可降价使用的，经供方认可后，由使用部门经理及采购部经理在"验收记录"上签署意见，采购部（或使用部门）对其进行标识，方可收货、使用或入库储存。

（7）库存不合格品的评审和处置。①库存物品，经检查发现不合格品时由采购部及使用部门评审人员共同分析原因，研究并确定处理方法。

如在库存物品中检查发现不合格品时，如何使用或另作其他用途，由审理人员在"出库单"上注明审理结论，仓库管理员办理出库手续，按结论处置；如已确定不能使用，则作报损处理，填"报废单"，经总经理批准后实施。②已出库的各类用品、食品原材料、物料等如在使用中才发现不合格，则由使用部门填写"不合格处理报告"交采购部处理，必要时需报总经理审批。

（三）遴选供应商并与其建立良好关系的原则

采购的管理离不开供应的管理，有效的采购与供应管理对现代企业有着重要的作用，餐饮企业也不例外。我们不要把与供应商的关系只看成是一买一卖的关系，而应该看成是长期合作的战略伙伴关系。从世界发展的趋势看，采购管理正慢慢过渡到供应管理甚至供应链管理。采购管理和供应管理是餐饮企业成本控制的极其重要的部分，如何把原材料和其他用品的成本压下来是采购部经常性的首先考虑的问题。企业与企业之间的竞争，慢慢地可从采购成本上的竞争看出端倪。谁家的采购成本下去了，谁就获得了发展的先机。如通过服务灵活、资金雄厚的供应商进行采购时，以较大的采购批量往往能够换得特别的折扣，买方可以要求供应商储备一定的库存量以保证自己的需要，从而将自己的库存削减到最小，这样就能尽量地减少资金的占用和鲜活产品的损耗。而从供应商的角度看，其通过增加库存和提供额外服务、适当折扣等手段，也可以与大客户结成较为长期的紧密的战略伙伴关系。供应商凭借大批量

的商品进出，便能实现薄利多销的目的；而当客户有计划外或突发性的需求时，他们也往往会成为首选的供应商。如此双赢的局面，应该是我们追求的目标，这就要求我们必须以一定的评价标准选择一个承包商或多个供应商。

1. 供应商的选择

（1）所选的供应商必须能提供稳定的供应。货源供应稳定非常重要，餐馆天天都要做生意，营业的连续性和产品供应的连续性是餐馆的生命线。所谓稳定，就是保持供应的持续性（在餐馆需求的范围内、一定的单位时间内保持相对稳定的供应数量），餐馆不会因待料而停产。很多时候，客人点菜后常常被告知：这道菜已经卖完了。客人很奇怪地反问，你们开市才多久呀？怎么就没有了？点菜员只好把话题引开，示意客人另点一款菜。这种情况的出现，往往就是原材料的供应接不上导

致的。这是令客人十分扫兴的事情，碰多了这样的事情客人就会舍你而去，重新选择消费的地方。

（2）货源质量好且稳定。光有稳定的数量和供应时间性还不够，货源还必须有对应于价格的最好的质量。在号称"食在广州"的这一食都里，客人们经常讲的一句话是"食嘢食味道"，意思就是说我们吃东西主要是为了品尝其中的味道。要菜肴好味道，除了需要厨师上乘的烹调功力外，首先需要的是食材必须有好的品质。否则，厨师即使有过人的厨艺，也只能是巧妇难为无米之炊，望食材而兴叹。其次，对于餐饮行业来说，食品原材料的新鲜程度和是否符合卫生标准也在质量的考评之列。

对于餐馆天天都要大量消耗的蔬菜，很多餐馆还要寻觅市场。城市

近郊有很多集市，有些集市虽然离餐馆比较近，但供应的品种不多，新鲜度也不很理想，于是，有些餐馆只好舍近求远，选择品种多、数量多、质量好且稳定的集市，即使是每天清晨四点多就出车前往采购也在所不惜。

（3）价格是最优惠的。客人到餐馆消费，最受他们欢迎的销售组合就是"好食兼抵食"（粤语，意为既好吃钱又花得值得），当然，这"抵食"与否，不同经济层次的人有不同的标准。但是，再富有的人也不愿意当冤大头，他同样有他那个层次的贵贱标准，自然不会欢迎那些价格高昂而味道很一般的产品。因此，在这一认识上，原材料采购的价格便显得相当重要。

（4）货源渠道是正当的，不是非法的。这点千万不要掉以轻心，不然会衍生很多麻烦事。

曾经有一间小餐馆，通过很要好的朋友的关系进了一箱茅台酒，基于相信朋友而没有对这批酒的来历做过多的了解。结果在销售的时候被客人投诉说是假的，于是餐馆老板马上联系朋友，谁知那朋友也是通过朋友的关系做这生意的，无法再跟踪，最后闹到工商局，结果餐馆被重罚，吃了大亏。

（5）服务态度是最好的。服务态度是服务素质的重要表现，采购方的工作顺畅与否、工作状态好坏与否，与供应方的服务态度关系紧密。这态度的含义包括责任心、协商精神、性格涵养、效率意识、交货环节是否顺畅等。动辄火冒三丈、没有一点协商余地的人绝对成不了一个能长期合作的供货商；其内部配合不善，造成供货环节不顺畅也不会是一个理想的供应商。

（6）交易作风是最正派的。所谓交易作风，包含以下内容：①有诚信的商业道德，即在供货的过程中，主观上不存在坑顾客的故意，在货物数量、质量、交货环节、结算环节等方面不使坏。有些主动上门推销的供应商，要特别注意他们供应的质量、数量和价格的连续性。开始推销的时候，他们的价格很低，等到餐馆用他们的原材料做出来的产品打开了市场、成为餐馆的主打产品的时候，他们就会提价，减少供应数量，甚至有时掺进以次充好的原材料。②阳光操作，不存在贿赂采购方的故意和行为。不诚信的交易行为往往是与腐蚀采购方的行为紧密联系的。

（7）必须有合法的营业执照，具备卫生许可证以及 ISO 认证等文件。我们在采购的时候说要货比三家，在选择供应商的时候也要店比三

家。要在本企业所在城市中选择多家供应商，然后依照上面所说的几个方面进行考查，初选定出选用商家后就开始试用，可以用两家同时供应一类商品，着重从质量（平均合格率：每次合格率之和除以次数）、价格、服务（货达率：交货数量除以订货数量乘 100%；误期率：误期次数除以交货次数乘 100%；配合度：配合的意识、配合的效果等）三方面考查，详细记录其表现，看哪家占优。试用期半个月到一个月。

（8）能提供合法的结算单据。现在社会上假发票很多，对此一定要保持高度的警惕。

2. 对供应商的量化评级

量化评级是把对供应商的评估用最形象的数字方式显示出来，为选择供货商提供科学的依据。采购方可以首先把对供应商的所有考评事项

一一列出，比如上文列举的各项的细化的记录，如质量是否达到合同的标准，交货价格是否合理，交货是否及时，货品是否完好，设备是否完善，卫生状况是否良好，协商精神、诚信表现、阳光操作表现如何，等等，然后按主次定出评分标准，采取百分制的办法来计算得分，用这种办法对所有需要评估的供货商作逐一评估。当然，在刚刚开业的时候对供货商的认识很有限，这就要借助于一些必要的社会关系先做间接认识，在与供货商不断的沟通中注意详细记录其工作表现，在实践中不断地调整。

3. 如何处理好与供应商的关系

采购方应该明白，在自己选择供货商的同时，对方也同时在掂量着你在他们心目中的地位，评估着你对他们的重要程度。认识这一点，对选择好供应商非常重要。

英国皇家采购与供应学会认为，供应商根据采购方采购业务的种类、规模、多少以及采购的产品和服务对本身组织的影响，在供应商的心目中引起不同的感受，根据该采购业务对供应商的业务吸引力和采购价值的大小可以大致分成噪扰、盘剥、开发和核心四种级别。

（1）噪扰级别。采购方的采购量较小，采购价值相对较低且是非连续性的采购。对此类业务，供应商不屑于调配大量的资源为采购方提供服务，也不会为其优先安排生产和销售，因为他们根本不会有兴趣试图与这类采购单位建立长期的合作关系。在采购谈判中，采购方的谈判地位始终处于弱势，采购人员难以有很好的发挥。

（2）盘剥级别。采购方的采购价值比噪扰级别高，供应商的销售额

可能大很多，但是采购方的需求不符合其主营业务的发展，因此，对于供应商来说还不算最具吸引力，他们会把这样一些采购单位归到盘剥级别。对于这类采购商，供应商常常会伺机提高供应价格或提高服务的条件，或者配置不适当的资源来实现量的输出。这样，采购方可能会承担本来不需支付的成本。在采购谈判中采购方也不可能处于强势。

（3）开发级别。这类采购组织虽然暂时的采购价值不会很高，但是很有开发潜力。他们对供应商吸引力颇大，在这类业务中，采购者可能会通过自己的客户来开发供应商的销售。因此，供应商可能会对与这类采购组织建立"合作伙伴"关系充满兴趣，并会以可达到双赢效果而尽力游说对方共同合作。如此，他们就有可能得到不断扩展业务的机会。随着采购方采购业务的不断增加，供应商很可能会不惜斥资配备重要的资源和力量提供更多的服务或更优惠的折扣以保障和增加销售。在谈判中，供应商也会增大让步和妥协的范围，以求得采购方的配合。这样，采购方在谈判中的地位就会比以上两个级别强势很多，议价的相持力也会随之增强。比如在与大型连锁零售商打交道的初期，那些生活用品的供应商承受着采购方颇为苛刻的条件，持续地调动了大量的资源和力量为之优先服务，他们就是看中了对方今后巨大的发展空间。

（4）核心级别。这个级别之所以称为核心级别，是因为此类采购方采购额十分巨大，而且具有一定的持久性，因而对供应商具有非常大的业务吸引力。比如，天天都要采购大量海鲜产品的大中型餐馆对于海鲜批发商而言，不间断地采购汽车配件的汽车生产商对于配件生产厂家而言，都是核心级别的企业，他们的需要能符合供应商的主要发展业务，

能有效地增加他们的营业收入。享受这类级别的采购商，能比较轻易地享受到对方颇优惠的折扣和优质的服务，产品质量也可靠得多。所以，双方都能在业务的进展中得到比较丰厚的利润，真正达到双赢的目的。双方也就水到渠成地有了"战略伙伴"的合作关系。这对提高双方的核心竞争力都具有很重要的意义。

了解以上四个级别，主要是为了追求达到"知己知彼"的认识境界，按照开发商的需要和己方的需要去选择供应商，并务必提高自己在对方心目中的分量，使自己在业务发展中不至于时时处于被动，而处于相对平等的甚至强势的地位。比如，餐馆开业之初，未被供应商所认识，就要首先选择己方需求符合其主营业务的供货商，同时把本企业的长远发展规划书做好，列出多项有利于发展扩大的条件，描绘美好的前景，然后加强对供应商宣传的力度，努力说服他们认可这美好的前景从而增强合作的信心，增强对其的吸引力。

对餐馆来说，供货商有时也会成为你的救命恩人。曾经有一位老板出外休假几天，谁知回来后竟发现保险柜里的周转资金全被"内鬼"盗去，一时间再没有足够的钱来使餐馆继续经营下去。这时，他想到平时一直相处得很好的供货商，于是便把情况如实向他们说明，希望他们能施以援手。因他们过去都能如期拿到货款并与这位老板关系良好，因此，当他向他们求援时，便都迅速给以帮助。后来这位老板深有感触地说：没有他们，我将失去这间餐馆。

其实，经营餐馆常常会碰到很多突发情况，比如当你突然发现忘了订购某些货物，而你又希望供货商能迅速配合救场的话，你就得靠与他

们有良好的关系，否则根本办不到。

　　开展业务的初期，一定要特别注意规范约束采购人员绝对不能有索贿的行为，在严格坚持彼此认可的验收标准和交货时限的基础上，要特别注意结算的诚信度。此外，对选定了的供应商，一定要注意平等地以礼相待，尽量避免厚此薄彼引起对方反感；尊重市场的游戏规则，不把供应商的商品及供货说明和报价泄露出去；在商谈的时候，无论是否接受对方的报价或其他条件都对其困难表示理解或体谅，并耐心地充分地说明原因，但任何时候都不能对供应商承担任何的责任；在发生退货的时候仍然要态度谦恭，尽量避免给对方带来不必要的麻烦或增加其不必要的开支。

　　从开始打交道时起，就要详细记录供应商的表现并予以分析，对好的供应商采取持续合作共同发展的策略，并针对采购中出现的技术问题

与供应商一起协商，寻找解决问题的最佳方案；在评估中表现糟糕的供应商，应马上停止其供应业务，请其离开自己的采购体系。

（四）合乎餐馆档次的原则

投资者筹备开办餐馆，总会根据周围地理环境、目标顾客群以及自己的资金情况等诸因素对餐馆的档次有一个基本的定位，采购内容一定要与档次匹配。一个只有简易装修的大排档式的小餐馆，如果硬要买一些高档的骨瓷餐具，那是很没有必要的浪费之举；而一间装修很讲究的餐馆，桌子上如果摆了一些比较粗俗的餐具，在客人眼中餐馆马上就会降了档次，装修的高昂费用就白花了。又比如，一间简陋的郊区大众消费式餐馆，如果购进鲍参翅等食材，那更是一种错位，千万不可为之。

（五）节约的原则

餐馆刚刚开业，只是处在起步的阶段，资金有限，餐馆能否赚钱、赚钱的效应究竟有多大都还是一个未知数。因此，在采购的预算上，就要时时、事事、处处都谨记节约。所谓节约，就是暂时还用不上的坚决不买，短时间内不必用那么多的坚决不多买，与本餐馆档次不匹配的用品、餐具坚决不买；而采购必须去找有信誉度的供应商，寻找性价比最好的来买。好多时候，同一种类同一档次的商品，在不同的地点、不同的时间去买，结果大不一样，价格有时会差 1/4 甚至 1/3。比如买电器用

品最好到专业店，买一些小五金最好到五金市场，那里商品集中，价格最便宜，可供选择的余地也很宽广。

如果餐馆定位较高，而且是以特色为卖点，可以找厂家定做与特色相匹配的餐具和用具。而一些大排档式的小餐馆可以找一些窍门，与一些大酒店大饭店联系，因为这些高级餐馆会经常性地更新餐具和家具，被淘汰出来的这些餐具、家具，其实很多成色还是不错的，完全可以使用，但是价格却便宜了一大截，可以实实在在地节约一笔。特别是桌子，铺上漂亮的台布，客人是很少注意到你的桌子是旧的还是新的，只要还结实就可以继续正常使用。又比如购买厨房的设备，最好是聘请到总厨或厨师长以后，把采购预算和节约的原则告诉他，然后由他协助购买，因为只有他才知道哪些设备是最急需用的，哪些是最顶用的，哪些是看起来有用但实际上并不顶用的。这样就能比较有效地避免一些无效的采购行为。

餐馆一开张，购买鲜活的原材料，比如海鲜、肉类等，更要注意购买的量。特别是小餐馆，不要一下子买太多，要看销售势头怎样，好的话再迅速补买。出品部人员及采购人员一定要对每一道菜的用量及成本的核算做到精打细算，然后做出采购计划，再按照计划采购。如还没有找到固定的供货商，这时，老板如能抽出时间，最好亲自领军采购，带着厨师和采购员等有经验的人一起逛市场。因为这些人员熟悉原材料的各方面，比如价格、质量、产地、哪里比较便宜等。有些水产品，其实找一些大型的超市比较可靠。如果老板实在抽不出时间，要找最亲信最可靠的人代替。

从开张的第一天开始，就要对客人点菜的记录做好统计，各种菜式

被点了多少次，哪些是供不应求的，哪些是不太受欢迎的，按累计数算出每天的需要量，然后第二天就参照着需要量进行采购。

总的来讲，就是看菜吃饭，量体裁衣，按着自己餐馆的档次、就着餐馆开业的资金行事。这不光是采购部采购员的事，也是所有部门的事，只有所有部门都贯彻节约的原则，想到一块，步调一致了，彼此相处才会尽量地减少摩擦，提高工作的效率。比如，设备部的若贪大求全，即使暂时用不上的设备也要求添置，而总经理或采购部却不同意，如此势必出现矛盾，影响相处的和谐。

（六）有助打响头炮的原则

一间新开张的餐馆，开张之初能否聚集到人气很重要。如果人气充足，很多人会不由自主地跟进；如果门可罗雀，其他人也不会贸贸然进来消费，羊群效应在这个时候表现得特别明显，因为市场对这餐馆的一切都不了解。头开好了，今后的工作会顺畅很多，头开得不好，以后就要费很大劲！因此，很多餐馆都很注意开张时的菜式，从卖相、价格、味道到出菜的速度都要下足工夫，丝毫不敢怠慢。许多餐馆在开张的时候都会以一定的折扣酬宾，以加强自身的竞争力。这就要求菜品的成本必须较低，质量要比较好，在不浪费的前提下保持比较充足的量，调料酱汁质量要好，供应要充足不能因为采购不足而耽误了出菜。采购员要有充分的思想准备，对原材料的需要量估计不足产生短供的时候要能在最短的时间内补上。

二

开业采购

工欲善其事，必先利其器。有好的用具和原材料，才能烹制出佳肴；有好的餐具，才能品出高档次的感受。

为帮助餐馆开业人员在采购的时候有一个基本的纲，我们把一些必需品及其规格、所需数量以表格形式列出，但这只能用作参考，实际采购的时候还要紧密联系餐馆的实际，有些不必讲究规格，不需要库存的都不在表中显示。

开业采购的物料虽然很多很复杂，但归类起来也不外乎以下几大类。

（一）餐具

餐具是供客人就餐之用的，是餐馆与食客联系的重要媒介之一。它能标示餐馆的档次，能直接影响食客的消费欲望，因此，购买的时候一

定要费点心思。

1. 餐具采购参考目录

1）中餐厅银器类

编号	名称	规格	单位	用量	库存	总数	备注
（1）	银翅碗座	4″	个	16		16	
（2）	银筷子架		个	16		16	
（3）	银分匙	7.5″	把	20		20	自用
（4）	中银公匙	10.5″	把	2		2	公用
（5）	大银公勺	14.5″	把	3		3	公用
（6）	小银公勺	10″	把	3		3	捞取椰汁燕窝用
（7）	便利公筷	5″	双	16		16	
（8）	圆形汁酱高座	5″	个	6		6	
（9）	蛋形乳猪庄	22″	套	1		1	碟座
（10）	圆形拼盘庄	18″	套	1		1	
（11）	圆形热荤庄	13″	套	4		4	
（12）	圆形翅窝	15″	套	1		1	翅窝座
（13）	银冬瓜盅	10″	套	1		1	
（14）	银椰子盅	8″	套	2		2	
（15）	蛋形两用高庄	18″	套	1		1	可反转两用的弧形底容器座
（16）	蛋形两用中庄	12″	套	1		1	比上一项窄一点
（17）	蛋形罩盖	18″	个	6		6	
（18）	蛋形罩盖	12″	个	18		18	
（19）	蛋形罩盖	9.5″	个	30		30	
（20）	蛋形全鸡碟座	14″	个	12		12	

以上银器庄、座均以一席 12～16 人作依据，尺寸数量仅供参考之

用。午、晚饭散台的菜式所用庄、座、盖等，可按实际需求购置之。

2）中餐厅瓷器及其他类别（以500餐位算）

编号	名称	规格	单位	用量	库存	总数	备注
（1）	骨碟	6″	只	2500	2500	5000	
（2）	味碟	2.5″	只	2500	2500	5000	
（3）	茶杯碟	5″	只	1500	1500	3000	
（4）	茶杯	3″	只	1500	1500	3000	
（5）	碗仔	3.5″	只	2500	2500	5000	
（6）	汤匙	4″	把	2500	2500	5000	
（7）	筷子	14″	双	2500	2500	5000	
（8）	大汤勺	14.5″	把	80	40	120	
（9）	中汤勺	10″	把	80	40	120	
（10）	筷子架		只	2500	500	3000	
（11）	格碟	3.5″	只	500	200	700	几个格可放不同酱汁
（12）	酱料碟	3″	只	500	200	700	
（13）	白饭碗	4″	只	2500	500	3000	
（14）	水果碟	25″	只	60	20	80	

3）西餐厅、咖啡厅瓷器类（以200餐位算）

编号	名称	规格	单位	用量	库存	总数	备注
（1）	大圆碟	12″	只	50	30	80	
（2）	鸡蛋盅		个	50	30	80	用以打烂鸡蛋
（3）	餐碟	10.5″	只	240	120	360	
（4）	头盘碟	9″	只	120	60	180	
（5）	甜品碟	7″	只	120	60	180	
（6）	面包碟	6″	只	240	120	360	

33

续　表

编号	名称	规格	单位	用量	库存	总数	备注
（7）	咖啡杯	3.5″	只	240	120	360	
（8）	咖啡碟	6″	只	240	120	360	
（9）	汤碗	4″	只	240	120	360	
（10）	汤碗底碟	6.5″	只	240	120	360	
（11）	沙拉碗	7″	只	80	50	130	
（12）	汁盅	大	个	30	20	50	装酱汁
（13）	汁盅	小	个	30	20	50	装酱汁
（14）	牛油碟	3″	只	240	60	300	
（15）	烟灰盅	4″	个	100	50	150	
（16）	花瓶		个	30	15	45	
（17）	糖盅	4″	个	30	15	45	
（18）	奶勺	大	把	60	60	120	
（19）	奶勺	小	把	60	60	120	
（20）	牙签筒		个	50	50	100	
（21）	盐盅		个	20	20	40	
（22）	胡椒粉盅		个	20	20	40	
（23）	咖啡壶	大	个	30	30	60	
（24）	咖啡壶	小	个	30	30	60	
（25）	茶壶	大	个	30	30	60	
（26）	茶壶	小	个	30	30	60	
（27）	芥辣盅		个	10	10	20	
（28）	油醋瓶		个	4	4	8	

4）西餐厅、咖啡厅刀叉类（以200餐位算）

编号	名称	规格	单位	用量	库存	总数	备注
（1）	汤匙	8″	把	240	100	340	
（2）	甜品匙	7″	把	240	100	340	
（3）	甜品叉	7″	把	240	100	340	
（4）	茶匙	5″	把	240	100	340	
（5）	大餐叉	8″	把	240	100	340	
（6）	大餐刀	8″	把	240	100	340	
（7）	牛油刀	7″	把	240	100	340	
（8）	鱼刀	8″	把	240	100	340	
（9）	鱼叉	8″	把	240	100	340	
（10）	梳打匙	8″	把	100	50	150	长匙羹
（11）	分菜匙	8″	把	20	20	40	给客人分菜时用
（12）	分菜叉	8″	把	20	20	40	
（13）	鸡尾叉	5″	把	50	50	100	小一点的叉
（14）	牛扒刀	5″	把	100	100	200	
（15）	柠檬夹		把	20	20	40	用以挤柠檬汁
（16）	田螺夹		把	20	20	40	
（17）	田螺叉		把	20	20	40	
（18）	方糖夹		把	60	60	120	

5）西餐厅、咖啡厅什项类（以200餐位算）

编号	名称	规格	单位	用量	库存	总数	备注
（1）	结账盘		个	20		20	
（2）	剪刀	大	把	5		5	
（3）	白板		块	2		2	规格按需要订造
（4）	水勺	500ml	把	10	2	12	

续　表

编号	名称	规格	单位	用量	库存	总数	备注
(5)	面包篮	大	个	30	10	40	
(6)	面包篮	小	个	30	10	40	
(7)	咖啡煲		个	5	5	10	斟咖啡时用
(8)	咖啡热炉		个	2	2	4	
(9)	胡椒磨		个	4	4	8	
(10)	餐碟盖	10″	个	40	10	50	
(11)	塑料杯盘	直径1″	个	15	5	20	
(12)	糖塑料瓶		个	4		4	
(13)	洗手盅		个	20	10	30	
(14)	蛋糕刀		把	2	2	4	
(15)	西饼夹		个	4		4	
(16)	蛋糕柜		台	1		1	因地制宜
(17)	蜡烛灯座		个	30		30	
(18)	指示牌		个	2	2	4	
(19)	长方托盘	14.5″×10″	个	30		30	
(20)	圆托盘	直径14″	个	30		30	

6）各部门玻璃杯类（以500餐位算）

编号	名称	规格	单位	用量	库存	总数	备注
(1)	红酒杯	230ml	个	200	100	300	
(2)	白酒杯	170ml	个	200	200	400	
(3)	水杯	285ml	个	2000	1000	3000	
(4)	有脚水杯	340ml	个	500	200	700	
(5)	加仑杯	340ml	个	200	100	300	
(6)	啤酒杯	340ml	个	300	200	500	

续 表

编号	名称	规格	单位	用量	库存	总数	备注
(7)	爱尔兰咖啡杯	185ml	个	50	50	100	
(8)	白兰地杯	140ml	个	200	100	300	
(9)	些利杯	60ml	个	100	50	150	
(10)	利乔杯	60ml	个	100	50	150	
(11)	老式杯	170ml	个	100	50	150	
(12)	香槟杯	140ml	个	200	100	300	
(13)	果汁杯	170ml	个	300	150	450	
(14)	鸡尾酒杯	60ml	个	100	50	150	
(15)	酒杯	60ml	个	100	100	200	
(16)	散装酒壶	340ml	个	30	10	40	
(17)	新地杯	60ml	个	100	50	150	
(18)	黄酒杯	60ml	个	200	100	300	
(19)	黄酒壶	500ml	个	30	30	60	
(20)	酒爵	500ml	个	30	30	60	

2. 餐具采购要旨

1）注意餐具的质地及其使用的安全性

市场上的餐具按材质一般分为以下几种：陶瓷、白瓷、骨瓷、强化瓷、强化琉璃瓷、玻璃、水晶、银、不锈钢、塑料等制品。

（1）陶瓷。用陶土制成，呈灰色或棕褐色，质感粗厚，易破损，但富有古朴味，多体现在日式或中式的茶具中，比较适合喜欢品茶并有点文化品位的人。市场价格跨度很大，不容易掌握。选购的时候主要看其制品形状是否正常，如果是走了形的就不是好货，再看绘画工艺是否精细。

（2）白瓷。经高温烧制，是最常见的、未经彩饰的瓷器，比较容易

破损，适合一般的大众化的餐饮消费者，市场价格不高。

（3）骨瓷。市场上不成文的标准一般是：来自动物骨骼中的磷酸三钙最起码要占30%，其成品应该有良好的透光性；如没有透光性，绝对不能称之为骨瓷。

比起一般的传统瓷器，骨瓷的质地更坚硬，质感有如玉石般温润光滑，更显清新素雅；骨瓷的可塑性也颇高，可使彩绘艳丽动人。成套的骨瓷餐具比较适合于中高档的餐馆，有利于提高餐馆的档次。其市场价格比较高。

选购骨瓷颇有讲究，行内人称"一掂二看三听四举"。"一掂"是指用手掂掂分量，感觉其重量是否适中；"二看"是指看其表面釉面是否光亮平滑，看其颜色是否柔和如玉，画面颜色的鲜艳度是否足够；"三听"是指用硬物轻扣，听其声音是否清脆；"四举"是把瓷器举向光源，好的骨瓷可以看到其有很明显的半透明度。

（4）强化瓷。含镁质成分，耐酸碱，无铅毒，相对不易损坏，属于一般的餐具；适合于中等消费的人群，市场价格处于中等水平。选购强化瓷时主要是看其制品外观是否有变形，还要注意餐具上的图案颜色是否光亮，若不光亮就说明很可能是烤花的时候欠火候。此类餐具的铅镉溶出量往往较高。

（5）强化琉璃瓷。质地坚硬，其成品可制得很轻薄，但又不容易破损，由氧化矽与高岭土混制而成，经1250℃以上高温处理，具有强化瓷及强化玻璃双重特性，颇有品位价值，比较适合于中高档的餐馆和西餐厅，其市场价格比较高。

（6）玻璃。玻璃制品是氧化矽合成物，特点是在灯光映照下熠熠闪光，清澈可人。特别是一些有花纹的玻璃制品更能显出高雅，不足之处是极容易破碎。比较适合中档餐馆使用，因其市场价格较为便宜，所以使用得比较广泛。

（7）耐热玻璃。此类制品其实是添加了耐热材质的玻璃制品。它的外观与一般玻璃制品无异，但却能耐热，因而更为实用，在市场上属于中档价格。

（8）水晶。水晶是氧化矽合成物，其内含砷、碳酸钾、氧化铅、硝酸钾等，并非天然水晶。

水晶制品光芒四射，璀璨夺目，显得清纯高贵，适用于高档餐馆，以之作显示档次的酒具、果盘比较适合，其缺点是容易破碎，市场价格通常比较高。

水晶制品与玻璃制品很相似，购买时一定要注意区分。首先是视觉分辨，在强烈灯光下水晶制品能反射出七彩的光芒，因为水晶有折射率大、无色透明的特性，一般玻璃制品没有这种效果；其次是看有无标识，一般来说，水晶制品会标上 24% PbO，即氧化铅含量为 24%；最后是触觉辨别，由于水晶含氧化铅，故比玻璃重，可分别放在手上掂量一下。如是杯子，可用手指夹紧杯缘往外拉，如听到清脆的回音，就可判定其为水晶制品。

水晶不会因为长时间暴晒或置于灯光下而变色，在仓库保管时只需每隔一段时间用鸡毛掸轻轻扫除上面的灰尘即可。

水晶制品骤然改变其温度会导致破裂；水晶质地虽硬却容易碎，所

以要避免用力撞碰，放置时最好倒立于干布上。

（9）银。银餐具是指银刀、银叉、银匙等各种餐饮器皿，还包括银制食物容器、银碟、银盘和烛台等。

选购银制品必须懂得，一切合法销售的银制品的质量和含银量是有准确标明的。美国联邦贸易委员会（FTC）曾制定过表示银含量的戳记和识别标志，购买时应验看这些标记。纯银含量至少达到 92.5% 方可称为纯银。有些银器上也会打上 ".925"、"92.5"、"925" 的数字，这是确切的识别标志，可确保所购买的是真品。购买时还应查看制造厂家的商标或伦敦金业公司证明金银纯度的检验印记。

银餐具价格较贵，一般用于很高档的餐馆。

（10）不锈钢。不锈钢餐具一般都含镍和铬，镍是耐腐蚀材料，而铬可使产品不生锈，皆为重金属，如使用劣质不锈钢餐具或使用方法不当，都可能造成对人体健康的危害。购买时应注意看产品上面标明的参数。这些参数通常为 "13－0"、"18－0"、"18－8" 三种代号，每一种代号前面的数字表示铬的含量，后面的数字表示镍的含量。如没有类似代号，一定是伪劣商品。

另外，购买的时候也可以用磁铁来判断。能被磁铁吸住表示该餐具含铬不含镍，防锈蚀性能较差；不能被磁铁吸住，表示既含铬又含镍，防锈蚀性能较高。一旦发现不锈钢餐具变形或者表层破损，绝不能购买。如需用长时间盛放强酸或强碱性食品的容器，绝不能选购不锈钢制品，因为铬、镍等金属元素会溶出污染食品。有些餐馆会供应炖品，炖品中常常放一些中药，一定要注意不能让这些炖品与不锈钢餐具接触，因为中药含有

颇多有机酸、生物碱等成分，尤其是在加热的情况下，会与不锈钢餐具发生一些化学反应，使药物失效，甚至生成某些有毒性的化合物。

不锈钢餐具是西方生活的产物，在中国没有太长的使用传统和历史，在中餐馆中使用得并不十分普遍，只在西餐厅里见得比较多。

（11）塑料。目前餐馆使用的塑料制品一般有两部分：

一部分为供客人打包的可降解塑料饭盒和汤盒，除了一些快餐店和日式餐馆，很少中西餐厅用这类塑料餐具。据报载，目前有些专家对可降解塑料餐具提出了异议，认为它们对人体伤害会更严重，并指出一些如欧洲、美国、日本、韩国等发达国家已经不用这类制品做餐具。据说，在 20 世纪末，国内就已研制生产出以芦苇、甘蔗、稻麦草等天然植物纤维为原料的纸浆餐具，这种餐具可抵御 120℃的高温油，用 100℃开水烫两小时内不会渗漏，使用后还可回收造纸，填埋一段时间还能泥化成有机肥料，最终变成二氧化碳和水，不会污染环境。只是目前此类产品的价格比较贵，但最终普及使用是必然的。

另一部分为密胺塑料制品，也就是人们常说的仿陶瓷餐具。密胺的成分是胺粉，合成后是仿瓷材料，其特点类似于陶瓷。用密胺材料做成的塑料餐具具有轻巧、美观、耐低温（可以直接放入冰箱速冻）、耐煮（可用沸水蒸、煮）、耐污染、耐腐蚀、抗老化、耐摩擦、不易破碎等性能，但不适合在微波炉中使用。最重要的是，按照现在的认识，密胺经过处理后制作成的餐具对人体健康不会造成危害。因为在合成密胺基材料时，加工温度是 145℃ ~ 165℃，压力为 25 ~ 35 兆帕，固化时间为 10 ~ 15 秒，高温高压下形成不溶于水的产品，对人体完全无毒副作用。

　　由于历史的原因以及审美习惯等因素，中国人比较喜欢陶瓷餐具，但陶瓷餐具的易碎性大大地影响了其耐用性和性价比，实在是美中不足。而密胺塑料无色透明，无毒无味，硬度高，耐刮擦，不易破损，韧性好，表面光泽度高，且可在150℃的环境中使用，使其成为了陶瓷餐具的出色替代品。一套优质的密胺餐具，与名贵的陶瓷餐具价格上相差甚远，但其视觉、触觉、感觉却很接近，而其实用性和耐用性要远远超过陶瓷制品，所以，密胺餐具近年来已被广泛应用于餐饮业。也许很多人都还不很清楚，现在餐馆里的餐具相当一部分是密胺制品，特别是在一些洋快餐店使用更加广泛。密胺餐具在其他国家使用也颇普遍，其使用历史已超过五十年，安全性经受住了历史的检验，其物美价廉也很受欢迎。日本从1960年开始使用密胺餐具，仅七年时间便迅速发展到年产8万吨的规模。密胺餐具在我国已有四十年的使用历史，经过几十亿人使用了那么长的时间，充分证明了其具有很强的生命力和广阔前景。因此，完全可以放心选购和使用。

　　如何选购合格的密胺餐具产品呢？市面上一些不安全的仿瓷餐具，从外表上看不容易辨别，虽然很便宜，但在使用过程中会释放甲醛，长期使用必定危害身体健康。我们在采购密胺餐具的时候，一定要看产品是不是"三无"（无生产厂家、无注册商标、无合格证，只需少一项便属于"三无"）产品，这是区分正品与伪劣产品的最直接最可靠的方法。

　　需要特别提醒的是，若是使用洗碗机洗涤餐具，那就应该选购边缘稍厚、带圆弧状等加强边的产品，因为此类型产品在洗涤过程中耐损性比较强。用于盛装酸性食物，就应尽量选购表面装饰图案较少的产品。

购买瓷器用品要注意的是：陶瓷都含有铅，其含量的多少直接影响到使用者的身体健康。长期使用劣质餐具会对人体造成伤害，一定不可贪图便宜在路边或地摊上购买，不可以从无合法证照的山寨厂家购买。要特别注意那些很容易就可擦去图案的餐具，这种餐具铅镉溶出量相当高。

采购微波炉用的瓷器，一定要注意其不能带有金边、银边或用金花纸、金属丝镶嵌图案等各式金属装饰。

2）注意餐具的造型

餐具的造型也能体现一家餐馆的品位。讲究这方面的造型，很能迎合一些讲求文化品位的人士的消费需求。眼下，传统的椭圆或是圆形、颜色都是白色的碟子好多已经被置换为形状各异、千色百彩的新潮碟子，千篇一律的圆口碗也逐渐被方形、椭圆形碗口的产品所替代。选购何种形状的餐具，可以以菜系、中西餐的区别，以餐馆经营的特色为立足点去考虑。有些以动物造型为基调，有些以水果造型为基调，有些以不规则造型为基调，有些以菜式为基调……这些标新立异的餐具常常会引起食客的极大兴趣，成为餐馆经营的一大亮点。因此，在采购的时候就要动点心思，参照餐馆的经营特色和档次选购匹配的餐具。在一些海鲜店，我们常常看到一些鱼形的碟子和船形的盘子；在西餐店，我们也经常看到一些方形的碗，一些模仿水果形状和颜色的水果叉。在一些主题餐馆、特色餐馆里，更可看到千姿百态的餐具，不管你点多少个菜，每一款菜的盛器都不会相同，有三角形的，有矩形的，有菱形的，有多边形的……有高边的，有矮边的，有长长的斜坡形边的，有花边形边的……有浅蓝色的，有浅绿色的，有浅红色的，有印有雕花图案的，有净色

的……真是林林总总，充满情趣，令人目不暇接，使客人在品尝美味佳肴的同时也有很写意的视觉享受。

（二）用具、厨具及设备

1. 用具、厨具及设备采购参考目录

1）中餐厅杂项类

编号	名称	规格	单位	用量	库存	总数	备注
（1）	迎宾柜		台	2		2	
（2）	打卡机		台	2		2	
（3）	收银机		台	3		3	
（4）	大钵柜		台	2~4		2~4	放餐具的柜子
（5）	吸尘机		台	2		2	

续　表

编号	名称	规格	单位	用量	库存	总数	备注
（6）	厅牌		个	20		20	厅房门口名称牌
（7）	指示牌		个	2		2	指示客人走到目标地
（8）	台号牌		个	100	50	150	
（9）	账单夹		个	30	30	60	
（10）	屏风		件	20		20	随餐馆大小选用
（11）	点菜单夹		个	1000	600	1600	
（12）	茶壶		个	100	100	200	
（13）	酱油壶		个	20	10	30	
（14）	烟灰盅		个	300	100	400	
（15）	花瓶		个	60	10	70	
（16）	牙签筒		个	200	50	250	
（17）	胡椒粉瓶		个	30	20	50	
（18）	盐瓶		个	30	30	60	
（19）	水果刀		把	100	30	130	
（20）	电开水柜		台	4		4	
（21）	茶叶柜		台	4		4	
（22）	电毛巾箱		台	4		4	
（23）	毛巾盘、夹		套	30		30	
（24）	收器皿车		台	8		8	
（25）	收器皿箱		个	100		100	
（26）	塑料桶	大	个	10		10	放钵柜旁收集废水
（27）	塑料桶	小	个	30		30	
（28）	汤勺	大	把	50		50	
（29）	汤勺	小	把	30		30	

续　表

编号	名称	规格	单位	用量	库存	总数	备注
（30）	米饭勺		把	2		12	
（31）	剪刀	大	把	12		12	
（32）	洗毛巾机		台	2		2	
（33）	圆托盘	14″	个	60		60	
（34）	大长形方托盘	14.5″×10″	个	30		30	
（35）	热水瓶		个	50	10	60	
（36）	中长形方托盘	12.5″×8″	个	30	20	50	
（37）	大转盘	直径48″	个	10	5	15	
（38）	中转盘	直径36″	个	30	20	50	
（39）	小转盘	直径30″	个	15	10	25	
（40）	雨伞架		个	4		4	

　　2）酒吧用具

编号	名称	规格	单位	用量	库存	总数	备注
（1）	汽水啤酒冻柜		台	1		1	
（2）	搅拌机		台	1		1	
（3）	制冰粒机		台	1		1	
（4）	冰箱		台	1		1	按实际用量购置
（5）	榨汁机		台	1		1	
（6）	大小调酒壶		个	2		2	大小各1个
（7）	调酒杯	100ml	个	2	2	4	
（8）	酒吧用叉		把	2	2	4	
（9）	酒吧用匙		把	2	2	4	
（10）	开瓶器		个	2	2	4	
（11）	开罐器		个	2	2	4	

续　表

编号	名称	规格	单位	用量	库存	总数	备注
(12)	开酒刀		把	3	2	5	
(13)	量酒器		个	20	5	25	
(14)	滤酒器		个	2	2	4	
(15)	碎冰器		个	1	1	2	
(16)	冰叉		把	2	2	4	碎冰用
(17)	香槟桶		个	10		10	浸香槟用
(18)	香槟桶架		个	10		10	
(19)	冰粒桶	中	个	20		20	
(20)	冰夹		把	50	50	100	
(21)	红酒篮		个	5	5	10	
(22)	散装红白酒瓶	600ml	个	10	10	20	
(23)	沉淀瓶	600ml	个	5	3	8	
(24)	水勺	600ml	把	15	15	30	
(25)	宾治盘	直径50″	个	2	1	3	玻璃盘
(26)	宾治勺	60ml	把	2	1	3	
(27)	漏斗		个	4	2	6	
(28)	抹杯布		块	10	10	20	
(29)	吸管		支	2200	10000	12200	
(30)	鸡尾牙签		支	2000	5000	7000	
(31)	搅酒棒		支	1350	1000	2350	
(32)	杯底垫		块	2200	2000	4200	
(33)	纸巾		包	2250	2000	4250	
(34)	烟灰盅		个	30	10	40	
(35)	果仁盅		个	30	20	50	
(36)	酒吧刀	15″	把	2	2	4	
(37)	酒吧砧板	直径25″	个	2	2	4	

3）点心部设备与用具（以 500 餐位算）

编号	名称	规格	单位	用量	库存	总数	备注
（1）	雪柜	6门	台	3		3	
（2）	风柜	大	台	1		1	
（3）	平台柜		台	1		1	按实际需要定规格
（4）	刨片肉机		台	1		1	
（5）	搅肉机		台	1		1	
（6）	碎肉机		台	1		1	
（7）	拌馅机		台	1		1	
（8）	蛋糕机		台	1		1	
（9）	搅拌机		台	1		1	
（10）	洗衣机		台	1		1	
（11）	蒸炉连烟罩风机	3个头	台	1		1	
（12）	肠粉炉连烟罩风机	2个头	台	1		1	
（13）	煎炸炉连烟罩风机	3个头	台	1		1	
（14）	焗饼炉	4格	台	1		1	
（15）	煎炸保温柜	多格	台	2		2	
（16）	木案板连凳		张	3		3	
（17）	粉类不锈钢箱	2格	个	2		2	装不同的粉
（18）	不锈钢案桌		张	3		3	按实际面积定规格
（19）	三星架		个	6		3	盛放蒸笼
（20）	不锈钢吊柜		个	4		4	按实际面积定规格
（21）	锌盆		个	3		3	按实际面积购置
（22）	砧板	直径25″	个	4		3	
（23）	大不锈钢锅	30″	个	4		4	
（24）	小不锈钢锅	19″	个	2		2	

48

二　开业采购

续　表

编号	名称	规格	单位	用量	库存	总数	备注
（25）	售点心小车		台	10		10	渐有餐馆不用
（26）	煎炸小车		台	3		3	
（27）	灼车		台	2		2	渐有餐馆不用
（28）	大磅	25kg 以上	座	1		1	
（29）	盘秤		把	3		3	
（30）	小磅	25kg 以下	座	1		1	
（31）	磨刀石		块	3		3	
（32）	不锈钢啤桶		个	3		3	
（33）	开罐头座		座	1		1	现已渐少用
（34）	深圆点心碟	4″	只	500	1000	1500	
（35）	平圆点心碟	5″	只	300	1000	1300	
（36）	竹蒸笼仔	4.5″	个	300	200	500	
（37）	竹蒸笼盖	4.5″	个	50	50	100	
（38）	竹蒸笼仔	4″	个	300	200	500	
（39）	竹蒸笼仔盖	4″	个	30	30	60	
（40）	竹蒸笼仔	3.5″	个	300	200	500	
（41）	竹蒸笼仔盖	3.5″	个	30	30	60	
（42）	钢笼底片	3.5″	块	300	300	600	
（43）	钢笼底片	3″	块	300	300	600	
（44）	竹蒸笼	24″	个	30	30	60	
（45）	竹蒸笼盖	24″	个	10	10	20	
（46）	蛋形肠粉碟	7″	个	100	100	200	
（47）	蛋形钢肠粉碟盖	6.5″	个	100	20	120	
（48）	连盖炖品盅	10″	个	30	30	60	

续 表

编号	名称	规格	单位	用量	库存	总数	备注
(49)	打饭钢叉		把	3		3	
(50)	豉油壶		个	15	5	20	
(51)	糖塑料樽		个	15	5	20	
(52)	银针粉碟	6″	个	50	20	70	
(53)	马拉糕钢格碟	12″	只	6	6	12	
(54)	面粉筛	12″	个	6	6	12	
(55)	连盖钢方盒	12″×12″	个	20		20	装原材料放冰箱
(56)	连盖钢半方盒	12″×6″	个	20		20	
(57)	钢疏孔钢板	17″	个	20		20	让蒸笼底与食物隔开
(58)	大馅碟	14″	只	5	5	10	装点心馅
(59)	中馅碟	12″	只	5	5	10	
(60)	白剪	大号	把	10		10	
(61)	黑剪	大号	把	10		10	
(62)	罐头刀		把	5		5	现已渐少用
(63)	钢蛋糕桶	中	个	2		2	
(64)	钢蛋糕搅	中	把	3		3	
(65)	钢板皮刀	12″	把	3		3	
(66)	钢刮刀	7″	把	3		3	
(67)	西饼刀	12″	把	2	2	4	
(68)	牙刀	12″	把	2	2	4	
(69)	批刀	中	把	2	2	4	
(70)	铲刀	中	把	3	2	5	
(71)	酥棍		条	10		10	
(72)	酥槌		个	2		2	

续 表

编号	名称	规格	单位	用量	库存	总数	备注
(73)	马仔棍		套	1		1	一套含大中小各1条
(74)	味秤		把	2		2	称味精、烟、胡椒等
(75)	火钩		把	2		2	
(76)	牙酥岌		套	4		4	一套中含大中小各1件
(77)	蛋挞盏	3个庄	个	100		100	装蛋挞放进烤炉
(78)	蛋挞盏	4个庄	个	100		100	
(79)	蛋挞盏	2个庄	个	100		100	
(80)	竹桃饱笼	10.5″	个	20	10	30	桃包即寿包
(81)	竹桃饱笼盖	10.5″	个	20	10	30	
(82)	圆深形布甸盘	12″	个	20	10	30	酒席用
(83)	圆杯形布甸杯	1位用	个	50	20	70	
(84)	竹馅挑	10″	个	20	20	40	
(85)	大铁镬	30″	只	5	5	10	
(86)	中铁镬	24″	只	5	3	8	
(87)	炒铁镬	19″	只	5	3	8	
(88)	铁丝笊篱	12″	只	5	3	8	
(89)	钢锅铲	17″	只	5	3	8	
(90)	钢炒勺	大	只	5	3	8	
(91)	钢炒勺	中	只	5	3	8	
(92)	钢水勺	小	只	6	2	8	
(93)	拍皮刀	2号	把	5		5	拍饼皮用
(94)	片刀	3号	把	5	3	7	
(95)	骨刀	2号	把	5	3	7	
(96)	文武刀	3号	把	5	3	7	切斩皆可

续　表

编号	名称	规格	单位	用量	库存	总数	备注
(97)	桑刀	2号	把	4	3	7	比片刀切的东西稍厚
(98)	大小搅拌器		把	8		8	大小各4把
(99)	批碟	4个庄	只	30	20	50	装鸡批或水果批
(100)	批碟	2个庄	只	30	20	50	
(101)	唧花嘴		套	2	2	4	
(102)	钢蛋隔		个	2	2	4	隔净搅散的蛋
(103)	钢花饼转盘	8″	个	1		1	
(104)	蛋扫		把	3		3	
(105)	油扫	2.5″	把	3		3	
(106)	案板扫		把	2		2	
(107)	西饼铲		把	2		2	
(108)	包钳		把	20		20	
(109)	钢水盆	8″	个	20		20	
(110)	钢水盆	10″	个	20		20	
(111)	钢水盆	11″	个	20		20	
(112)	连盖钢馅箱	17″×11″×4″	个	20		20	
(113)	连盖钢馅箱	13″×9″×4″	个	20		20	
(114)	连盖钢馅箱	11″×8″×4″	个	20		20	
(115)	包饼炕盘	大	个	2		2	
(116)	钢盒	25cm×30cm	个	15		15	可装食物进冰箱
(117)	钢圆盅	12cm	个	15		15	
(118)	各种饼印		套	15	15	30	
(119)	肠粉勺	大	只	3	3	6	

续　表

编号	名称	规格	单位	用量	库存	总数	备注
(120)	肠粉钢板	28″×28″	块	2		2	
(121)	肠粉布	15″×21″	张	6	6	12	
(122)	调料酱汁盅	5″	个	30	10	40	
(123)	钢油盆（小）	12″×7″	个	4		4	
(124)	钢油盆（大）	13″×7.5″		4		4	
(125)	大小长方形筲箕		只	30		30	大小各15只
(126)	大小圆形筲箕		只	30		30	大小各15只
(127)	餐后甜品锅	12″	只	20	20	40	
(128)	大小汤勺		只	10		10	大小各5只
(129)	蒸饭钢盆	17″	个	10		10	
(130)	喷水壶		个	2	2	4	
(131)	有柄平底镬	20″	只	3		3	
(132)	蛋糕盆	9.5″	个	5	2	7	
(133)	蒸糕方盆	9″×9″	个	5	2	7	
(134)	圆形糕盆	10″	个	5	2	7	
(135)	铁钳		把	2		2	

4）烧味部设备与用具

编号	名称	规格	单位	用量	库存	总数	备注
(1)	立身烧烤炉		座	2		2	
(2)	烧猪炉		座	2		2	
(3)	矮仔炉	4头	台	1		1	
(4)	油烟罩		台	2		2	大小按位置购置
(5)	雪柜	6门	台	2		2	大小按位置购置
(6)	平台雪柜		台	1		1	

53

续　表

编号	名称	规格	单位	用量	库存	总数	备注
（7）	有层架平台工作柜		台	1		1	大小按位置购置
（8）	锌盆		个	2		2	大小按位置购置
（9）	消毒箱		台	1		1	
（10）	食物保温柜		台	3		3	大小按位置购置
（11）	大小不锈钢汤桶		个	8		8	大小各4个
（12）	储物柜		个	3		3	大小按位置购置
（13）	吊柜		个	2		2	大小按位置购置
（14）	微波炉		台	1		1	
（15）	凉猪架		个	6		6	
（16）	砧板	直径24″	个	6		6	
（17）	钢砧板围		个	6		6	随砧板大小购置
（18）	长型汁酱笊	50″×20″	个	3		3	
（19）	猪叉		把	60		60	烧乳猪用
（20）	叉烧针		把	60		60	烧叉烧用
（21）	烧鹅双钩		只	60		60	
（22）	大小不锈钢盆		个	10		10	规格按实际需要
（23）	叉烧钩		只	30		30	
（24）	骨刀	2号	把	5		5	
（25）	文武刀	3号	把	5		5	
（26）	片刀	3号	把	5		5	
（27）	琵琶鸭叉		把	20		20	
（28）	火钳		把	3		3	
（29）	大小塑料水桶		个	10		10	
（30）	大中小托盘		个	30		30	大中小各10个
（31）	乳猪盘		个	20		20	
（32）	饭勺	中	把	2		2	
（33）	大小盘秤		个	4		4	大小各2个

二 开业采购

续 表

编号	名称	规格	单位	用量	库存	总数	备注
(34)	有柄疏孔勺	中	把	4		4	
(35)	长柄钢勺	中	把	4		4	
(36)	烧炉起料钩		把	4		4	
(37)	阔口钢盆	20″	个	6		6	
(38)	汁酱电暖炉	6格	套	1		1	
(39)	钢砧板腰兜		件	3		3	装砧板屑
(40)	特大电饭煲		个	2		2	
(41)	三星架		个	2		2	
(42)	电隔水暖饭煲		个	1		1	用以饭保温
(43)	电多格灼箱		个	1		1	
(44)	各种笊篱		只	10		10	大小按实际应用
(45)	汁勺	中	只	4		4	
(46)	大小圆形塑料筛		只	6		6	大小各3只
(47)	大小长方形筛		只	6		6	大小各3只
(48)	拔毛钳		把	5		5	
(49)	剪刀		把	5		5	
(50)	烧味碟	10″	只	50		40	
(51)	味饭碗	8″	只	40		40	
(52)	粉面碗	8″	只	30		30	
(53)	蛋形猪碟	12″	只	30		30	
(54)	圆形拼盘碟	12″	只	30		30	
(55)	全鸡碟	15″	只	30		30	
(56)	半鸡碟	12″	只	30		30	
(57)	大铁镬	30″	只	2		2	
(58)	中铁镬	24″	只	2		2	

5）中厨用具类（以 500 餐位算）

编号	名称	规格	单位	用量	库存	总数	备注
（1）	平圆碟	14″	只	80	80	160	即拼盆碟
（2）	平圆碟	12″	只	80	80	160	即拼盆碟
（3）	平圆碟	12″	只	100	100	200	即热荤碟
（4）	平圆碟	9″	只	200	200	400	即小菜碟
（5）	平圆碟	10″	只	100	100	200	即煲仔底碟
（6）	深圆碟	16″	只	30	30	60	即鲍翅碟 14～16 位用
（7）	深圆碟	14″	只	60	60	120	即鲍翅碟 12 位用
（8）	深圆碟	12″	只	60	60	120	即鲍翅碟 8 位用
（9）	深圆碟	10″	只	40	40	80	即鲍翅碟 6 位用
（10）	深圆碟	9″	只	40	40	80	即鲍翅碟 4 位用
（11）	深圆碟	8″	只	200	200	400	小菜用
（12）	深圆碟	7″	只	60	60	120	鲍翅碟 1 位用
（13）	蛋形碟	20″	只	60	60	120	即大鱼碟
（14）	蛋形碟	18″	只	60	60	120	即鱼碟
（15）	蛋形碟	16″	只	60	60	120	即全鸡碟
（16）	蛋形碟	14″	只	100	100	200	即半鸡碟
（17）	蛋形碟	12″	只	100	100	200	即中碗碟
（18）	蛋形碟	10″	只	200	200	400	例牌碟
（19）	蛋形碟	9″	只	60	60	120	即烧味碟
（20）	连盖蛋形炖锅	大号	个	10	10	20	火锅 14～16 位用
（21）	连盖蛋形炖锅	中号	个	10	10	20	火锅 12～14 位用
（22）	连盖蛋形炖锅	小号	个	10	10	20	火锅 8～10 位用
（23）	高身圆形炖盅	大	个	20	20	40	即有盖炖盅 2～4 位用
（24）	高身圆形炖盅	小	个	20	20	40	即有盖炖盅 1 位用
（25）	圆形汤锅	11″	个	10	20	30	即连盖海锅

续　表

编号	名称	规格	单位	用量	库存	总数	备注
(26)	圆形汤锅	10″	个	50	50	100	即连盖大锅
(27)	圆形汤锅	9″	个	40	40	80	即连盖中锅
(28)	圆形汤锅	8″	个	40	40	80	即连盖例锅
(29)	圆形碗	8″	个	30	30	60	即反口荷花碗
(30)	圆形碗	5″	个	50	50	100	即反口粥面碗
(31)	圆形碗	4″	个	300	200	500	即白饭碗
(32)	有耳玻璃锅	10″	个	60	10	70	即大鲍鱼锅
(33)	有耳玻璃锅	9″	个	40	10	50	即细鲍鱼锅
(34)	连盖瓦煲仔	7.5″	个	100	20	120	即例牌煲6号
(35)	瓦煲仔连盖	9″	个	100	20	120	即例牌五煲7号
(36)	瓦煲仔连盖	10″	个	100	20	120	即中煲仔8号
(37)	瓦煲仔连盖	11″	个	100	20	120	即大煲仔9号
(38)	蛋型不锈钢盖	14″	个	50		50	即大不锈钢盖
(39)	蛋形不锈钢盖	11.5″	个	50		50	即中不锈钢盖
(40)	蛋形不锈钢盖	9″	个	50		50	细不锈钢盖
(41)	圆形不锈钢盖	8.5″	个	50		50	菜肴盖
(42)	圆形不锈钢盖	7.5″	个	30		30	不锈钢肠粉盖
(43)	长尖刀	7″	把	4		4	带子刀
(44)	罐头刀		把	1		1	
(45)	毛刀	4″	把	5		5	刮毛瓜
(46)	雕花刀		套	2		2	
(47)	大中小瓜刨		把	15		15	大中小各5把
(48)	拔毛钳	5″	把	5		5	
(49)	大镬	30″	只	5	3	8	煎炸食物用
(50)	中镬	24″	只	8	4	12	

续 表

编号	名称	规格	单位	用量	库存	总数	备注
(51)	细镬	21″	只	8	4	12	煎炸食物用
(52)	炒镬	19″	只	8	4	12	
(53)	铁密笊篱	12″	只	8	8	16	
(54)	密油隔	8″	只	8	8	16	
(55)	不锈钢锅铲	2 号	个	10		10	
(56)	钢炒勺	12 两水	个	10		10	
(57)	钢炒勺	10 两水	个	10		10	
(58)	钢水勺	4 斤水	个	10		10	
(59)	钢水勺	3 斤水	个	10		10	
(60)	钢圆饭盘	17″	个	10		20	
(61)	钢大码兜	20cm	个	300		300	砧板执码用
(62)	钢中码兜	18cm	个	500		500	
(63)	钢中码兜	16cm	个	300		300	
(64)	钢小码兜	6″	个	100		100	
(65)	日字长方托盘	大	个	50	10	60	
(66)	日字长方托盘	中	个	50	10	60	
(67)	日字长方托盘	小	个	50	10	60	
(68)	大钢面盆	22″	个	10		10	
(69)	中钢面盆	20″	个	10		10	
(70)	小钢面盆	16″	个	10		10	
(71)	钢深圆水盆	12″	个	15		15	
(72)	钢深圆水盆	10″	个	10		10	
(73)	钢深圆水盆	8.5″	个	10		10	
(74)	镊子		把	5		5	拔除禽畜细毛
(75)	竹刀		把	5		5	切豆腐或涂抹蓉泥

续 表

编号	名称	规格	单位	用量	库存	总数	备注
(76)	大剪刀	大	把	5		5	剪除鱼鳃、鱼翅、虾须等
(77)	镊铲刀		把	5		5	铲除皮上脏物并拔毛
(78)	刨刀		把	5		5	刨瓜皮
(79)	雕刻刀		套	1		1	
(80)	九江刀	2 号	把	3		3	宰鱼用
(81)	片刀	3 号	把	3		3	又称批刀，切批精细原料
(82)	骨刀	2 号	把	2		2	又称斩刀，可斩较大骨块
(83)	大劈刀	1 号	把	2		2	砍劈大块带骨的肉类
(84)	切刀	2 号	把	2		2	切片、条、块、丝等
(85)	方头刀		把	1		1	即马头刀，前批后斩
(86)	剔骨刀		把	2		2	即去骨刀，用以剔骨
(87)	刮刀		把	2		2	除毛去污或刮除鱼鳞
(88)	鱼鳞刀		把	2		2	能迅速刮除鱼鳞
(89)	文武刀	3 号	把	3		3	前切后斩
(90)	桑刀	2 号	把	3		3	当片刀用，可切厚
(91)	钢小片刀	4 号	把	2		2	切更精细原材料
(92)	方形白色料头兜	4″×4″	个	20		20	放葱头、蒜头、姜等
(93)	密圆形筲箕	9″	个	15		15	
(94)	密圆形筲箕	10″	个	15		15	
(95)	长形塑料筲箕	19″	个	15		15	
(96)	长形塑料筲箕	14″	个	15		15	
(97)	长形塑料筲箕	11″	个	15		15	
(98)	大下篮塑料筲箕	27″	个	10		10	
(99)	塑料水桶	大	个	10		10	
(100)	塑料水桶	小	个	10		10	

59

编号	名称	规格	单位	用量	库存	总数	备注
(101)	鱼网	12″	个	2		2	
(102)	米箩	25kg	个	2		2	
(103)	竹筷子		双	10	10	20	
(104)	钢有柄疏圆勺	9″	个	6		6	
(105)	钢疏圆勺架	7″	个	6		6	
(106)	钢镬底架	12″	个	6		6	
(107)	镬竹扫		把	12	12	24	
(108)	钢胡椒粉筒		个	6		6	
(109)	钢细嘴油壶		个	6		6	
(110)	钢阔嘴油壶		个	6		6	
(111)	钢油盆	12″	个	10		10	装油后镬用
(112)	钢油盆	13″	个	6		6	
(113)	钢酱料盆	4″	个	20		20	
(114)	钢镬盖	16″	个	10		10	
(115)	竹底笪	12眼	个	10		10	
(116)	塑料肉食箱连盖	大	个	30		30	
(117)	塑料肉食箱连盖	中	个	30		30	
(118)	塑料肉食箱连盖	小	个	30		30	
(119)	饭勺		只	6	6	12	
(120)	不锈钢火锅连盖连炉	11″	只	30		30	
(121)	双耳汤锅	15″	只	30	10	40	
(122)	鱼钳	10″	把	2		2	
(123)	鱼鳞刨		把	6		6	
(124)	木槌		把			3	

6）西厨饼房设备

编号	名称	规格	单位	用量	库存	总数	备注
（1）	抽油烟罩		台	2		2	规格按地方大小购置
（2）	抽气扇	16″	台	3		2	
（3）	明火焗炉	大	座	1		1	
（4）	平头炉	8个头	台	1		1	煮糖水用
（5）	焗炉	大	台	1		1	
（6）	平扒炉	中	座	1		1	
（7）	坑扒炉	中	座	1		1	
（8）	炸炉	中	台	1		1	
（9）	甜品雪柜		台	1		1	
（10）	低温雪柜	中	台	1		1	
（11）	冻肉雪柜	中	台	1		1	
（12）	刨肉机		台	1		1	
（13）	搅拌机		台	2		2	
（14）	微波炉		台	2		2	
（15）	碎肉机		台	1		1	
（16）	打菜机		台	1		1	
（17）	打荷台		张	4		1	规格因地制宜
（18）	多层杂物架		个	4		1	
（19）	矮仔炉	4个头	台	1		1	
（20）	打蛋糕机		台	1		1	
（21）	高身饼糕雪柜		台	1		1	摆厅面供客人观看
（22）	案板		张	2		1	规格因地制宜
（23）	打面包机		台	1		1	
（24）	焗包饼炉		台	1		1	

续 表

编号	名称	规格	单位	用量	库存	总数	备注
(25)	工作台连层架		座	4		4	规格因地制宜
(26)	打蛋机		台	1		1	
(27)	高低温雪房		座	1		1	
(28)	电开水器	100L（1）	台	2		2	
(29)	消毒柜	大	台	1		1	
(30)	锌盘		个	4		4	规格因地制宜
(31)	地磅	50kg 以上	台	1		1	
(32)	储物车		部	2		2	
(33)	油炸炉		台	1		1	
(34)	打朱古力机		台	1		1	
(35)	搓包机		台	1		1	
(36)	发酵柜		台	1		1	规格按地方购置
(37)	切包机		台	1		1	

7）中厨部设备

编号	名称	规格	单位	用量	库存	总数	备注
(1)	炒炉	6~8 个头	台	1		1	
(2)	4 层蒸柜	大	台	2		2	
(3)	平头炉	12 个头	台	1		1	
(4)	矮仔炉	4 个头	台	1		1	
(5)	打荷柜（加发热线）		台	3		3	规格因地制宜
(6)	大雪房（高、低温）		座	1		1	
(7)	平台低温风柜		台	2		2	规格因地制宜
(8)	焗炉		台	2		2	
(9)	抽油烟机		台	6		6	

续表

编号	名称	规格	单位	用量	库存	总数	备注
(10)	油烟罩		个	6		6	
(11)	鲜风机		台	1		1	
(12)	炉头风机		台	6		6	
(13)	高身大雪柜	6门	台	3		3	
(14)	微波焗炉		台	2		2	
(15)	各式吊架，多层杂物架		个	6~8		6~8	
(16)	台板头吊柜，什物柜		个	2		2	规格因地制宜
(17)	消毒箱		个	1		1	
(18)	水台锌盘		个	2		2	规格因地制宜
(19)	砧板	20″	个	10		10	
(20)	搅肉机		台	1		1	
(21)	切肉机		台	1		1	
(22)	搅拌机		台	1		1	
(23)	不锈钢啤桶		个	5		5	
(24)	大小不锈钢水桶		个	10		10	大小各5个
(25)	大小不锈钢汤桶		个	10		10	大小各5个
(26)	大磅	25kg以上	座	1		1	
(27)	小磅	25kg以下	座	3		3	

8）西厨饼房用具

编号	名称	规格	单位	用量	库存	总数	备注
(1)	田螺碟	8.5″	只	30	20	50	
(2)	田螺碟	9.5″	只	20	10	30	
(3)	田螺碟	10.5″	只	20	10	30	
(4)	剪刀（肉类用）	大	把	3		3	

编号	名称	规格	单位	用量	库存	总数	备注
（5）	全钢三文鱼板	27.5″	块	2		2	放三文鱼
（6）	头尾钢中间木三文鱼板	36.5″	块	2		2	
（7）	串标针	9.5″	把	30		30	把肉类串起来烧
（8）	剪刀（生果用）	大	把	2		2	
（9）	连胆钢自助餐热炉		套	8		8	
（10）	钢自助餐热汤炉连架	21″×13″	套	2		2	
（11）	钢自助餐用夹	大	把	30		30	
（12）	钢自助餐热炉		个	8	4	12	
（13）	钢自助餐热炉胆	4″×21″×13″	个	8		8	
（14）	钢自助餐热炉胆	2.5″×10.5″×13″	个	6		6	
（15）	钢自助餐热炉胆	4×10.5″×13″	个	6		6	
（16）	钢自助餐热炉胆	2.5″×7″×13″	个	4		4	
（17）	钢自助餐热炉胆	4″×7″×13″	个	4		4	
（18）	钢柠檬夹		个	10		10	
（19）	木胡椒磨		个	4		4	
（20）	塑料漏斗	4″	个	3		3	
（21）	自助餐用冻肉盘	16.5″×12″	个	10		10	
（22）	自助餐用冻肉盘	23.5″×17.5″	个	10		10	
（23）	自助餐用冻肉盘	21″×16″	个	10		10	
（24）	自助餐用冻肉盘	25.5″×21″	个	10		10	
（25）	钢汁隔筛	12″	个	10		10	把渣隔掉
（26）	钢幼汁隔筛	9″	个	10		10	

编号	名称	规格	单位	用量	库存	总数	备注
(27)	钢漏斗	6″	个	2	1	3	
(28)	钢姜磨	12″×3.5″	个	3		3	
(29)	钢汤勺	12.5″×5″	个	20		20	
(30)	钢有孔无边漏斗更	13″×4.5″	个	4		4	
(31)	钢有孔有边漏斗更	12.5″×4″	个	5		5	
(32)	钢孖茨夹	1.5″	个	2	2	4	夹制薯蓉用
(33)	钢汤勺	12.5″×4.5″	个	10		10	
(34)	长柄钢汤勺	12.5″×29.5″	个	2	2	4	
(35)	钢肉叉	11″	把	10		10	
(36)	钢蛋夹刀		把	5	5	10	切熟鸡蛋用
(37)	钢搅拌器	39.5″	个	2	2	4	
(38)	钢搅拌器	10.5″	个	20	15	35	
(39)	钢粗线搅拌器	14″、16″、18″	套	3		3	三种规格各1套
(40)	钢软性搅拌器	14″、16″、18″	套	3		3	三种规格各1套
(41)	座台罐头刀		座	2		2	
(42)	手用罐头刀		把	4		4	
(43)	钢起骨刀	6″	把	5		5	
(44)	钢法式厨刀	10″、12″	套	2		2	两种规格各1套
(45)	拍刀	12″	把	2		2	用以拍压肉扒
(46)	尖头切肉刀	10″	把	10		10	
(47)	钢有牙面包刀	12″	把	6		6	切面包用
(48)	钢小刀	3″	把	10		10	

续　表

编号	名称	规格	单位	用量	库存	总数	备注
（49）	长柄磨刀铁	15″	条	3		3	
（50）	剁肉钢板刀	6″	把	3		3	
（51）	钢铲		把	10		10	
（52）	钢无牙面包刀	8.5″	把	6		6	
（53）	磨刀石		块	4		4	
（54）	钢有牙饼刀	9.5″	把	8		8	
（55）	钢无牙饼刀	9.5″	把	8		8	
（56）	开酒刀		把	3		3	
（57）	钢西柚刀	4.5″	把	4		4	开西柚用
（58）	苹果起心刀		把	4		4	
（59）	砧板	18″×24″×3″	块	4		4	
（60）	白塑料砧板	12″×18″×0.5″	块	5		5	
（61）	白塑料砧板	18″×24″×1″	块	5		5	
（62）	有孔有柄隔筛		只	20		20	
（63）	法式炒锅	8″	只	10		10	
（64）	法式炒锅	10.5″	只	10		10	
（65）	法式炒锅	12.5″	只	10		10	
（66）	长铁钳	16″	把	8		10	
（67）	土豆去皮刀	15″	把	10		10	
（68）	钢无孔长柄匙	15″	把	10		10	
（69）	钢有孔长柄匙	13.5″	把	10		10	
（70）	模型公仔棍		套	1		1	用以做模型饼
（71）	木匙	12″	把	10		10	搅汤用
（72）	木匙	16″	把	10		10	

续　表

编号	名称	规格	单位	用量	库存	总数	备注
（73）	钢煎锅	8″	把	20		20	
（74）	钢煎锅	10.5″	把	20		20	
（75）	钢单柄汤煲	4.5″	个	10		10	
（76）	钢单柄汤煲	5″	个	10		10	
（77）	钢单柄汤煲	5.5″	个	10		10	
（78）	钢双耳汤煲	4.5″	个	8		8	
（79）	钢双耳汤煲	5″	个	8		8	
（80）	钢双耳汤煲	5.5″	个	8		8	
（81）	钢汁煲	5.5	个	6		8	煮酱汁
（82）	饼铲		把	8		8	
（83）	糖水漏斗器		个	1		1	
（84）	盛饼隔网	12″	个	4		4	晾放热饼冷却
（85）	四方直纹隔网	25cm×35cm	个	2		4	同上
（86）	四方直纹隔网	40cm×60cm	个	2		2	
（87）	四方发包箱		个	3		3	
（88）	四方塑料箱	60cm×40cm×12.5cm	个	20		20	放杂物
（89）	四方塑料箱	60cm×40cm×23.2cm	个	30		20	
（90）	雪糕勺	5cm	个	12		12	
（91）	雪糕勺	5.4cm	个	12		12	
（92）	雪糕勺	6.5cm	个	12		12	
（93）	马毛粉扫		把	4		4	
（94）	油扫		把	12		12	

编号	名称	规格	单位	用量	库存	总数	备注
(95)	加沙打模型	40cm×10cm×8cm	个	6		6	饼模，加沙打为饼
(96)	炸蛋模型勺	20cm×10.4cm	个	4		4	
(97)	有手柄酥棍	60cm×6.5cm	条	6		6	
(98)	无手柄酥棍	50cm×3.5cm	条	6		6	
(99)	焗炉用手套		双	8	8	16	
(100)	方包模	18″×5″×5.5″	个	20		20	
(101)	涂饼转盆		个	4		4	
(102)	公斤磅	25kg 以上	个	3		3	
(103)	圆底钢盆	12″	个	30		30	
(104)	圆底钢盆	12.5″	个	30		30	
(105)	圆底钢盆	13″	个	30		30	
(106)	圆底钢盆	13.5″	个	30		30	
(107)	量杯		只	3		3	
(108)	玫瑰花嘴		套	1		1	
(109)	船形挞勺		个	50		50	
(110)	花边蛋挞勺		个	80		80	
(111)	心形焗模型勺	小	个	8		8	
(112)	心形焗模型勺	中	个	8		8	
(113)	心形焗模型勺	大	个	8		8	
(114)	饼模型勺	大	个	8		8	
(115)	饼模型勺	中	个	8		8	
(116)	饼模型勺	小	个	8		8	
(117)	活动焗饼模型		套	8		8	
(118)	活动四方焗盆		只	2		2	

续　表

编号	名称	规格	单位	用量	库存	总数	备注
(119)	无牙圆形饼皮模型		套	3		3	
(120)	牛角模型壳		个	36		36	
(121)	圆形花边饼皮模型		套	3		3	
(122)	心形饼皮模型		套	3		3	
(123)	各类饼皮模型		套	3		3	
(124)	椭圆模型板		套	1		1	
(125)	圆形模型板		套	2		2	
(126)	圆形唧嘴		套	2		2	
(127)	嘟律唧嘴		套	4		4	
(128)	星形唧嘴		套	2		4	
(129)	唧袋	7″	个	15		15	
(130)	唧袋	9″	个	15		15	
(131)	唧袋	11″	个	15		15	
(132)	焗盆		个	20		20	
(133)	深边焗盆		个	10		10	
(134)	塑料水桶		套	6		6	每套大中小各1个
(135)	塑料圆形筛		套	3		3	每套大中小各1个
(136)	塑料方形筛		套	3		3	每套大中小各1个
(137)	塑料长方形筛		套	3		3	每套大中小各1个
(138)	塑料调味品盒		套	3		3	
(139)	直花纹钢棍	12″×1.5″	条	2		2	做饼上花纹
(140)	多花纹钢棍	12″×1.5″	条	2		2	
(141)	无花纹介轮		只	4		2	做西饼用
(142)	有花纹介轮		只	2		2	

续　表

编号	名称	规格	单位	用量	库存	总数	备注
(143)	花边纹轮		只	2		2	
(144)	组合分介轮		件	2		2	
(145)	打孔轮		件	3		3	
(146)	抿饼刀	6.5″	把	6		6	
(147)	抿饼刀	8″	把	6		6	
(148)	抿饼刀	10″	把	6		6	
(149)	抿饼刀	10.5″	把	6		6	
(150)	曲形抿刀	10″	把	4		4	
(151)	割包刀	10″	把	4		4	
(152)	有齿塑料抿片		块	4		4	
(153)	半月形塑料抿片		块	4		4	
(154)	切刀	12″	把	4		4	
(155)	木柄薄铲		把	10		10	铲饼或点心用
(156)	温度糖针计		个	2	1	3	
(157)	筛粉器	10″	个	6		6	
(158)	筛粉器	16″	个	10		10	
(159)	面粉铲	11.5″	把	6		6	
(160)	面粉铲	6″	把	6		6	
(161)	压粟子器连多种花形嘴		套	1		1	
(162)	朱古力叉		套	2		2	
(163)	圆形钢焗盘	7″	个	4		4	
(164)	长方形钢焗盘	11.5″×8.5″	个	6		6	
(165)	长方形钢焗盘	13.5″×10″	个	6		6	
(166)	长方形钢焗盘	14.5″×11.5″	个	6		6	

续 表

编号	名称	规格	单位	用量	库存	总数	备注
(167)	长方形钢焗盘	16.5″×12.5″	个	4		4	
(168)	深边钢烧盘	10″×8″×1.5″	个	4		4	烧饼用
(169)	深边钢烧盘	12.5″×10″×2.5″	个	4		4	
(170)	深边钢烧盘	21″×12.5″×2.5″	个	4		4	
(171)	深边钢烧盘	23″×17″×5″	个	4		4	
(172)	浅边钢烧盘	21″×13″×1″	个	6		6	
(173)	四方形饼盆	12″×12″	个	10		10	
(174)	四方形钢盆	16″×16″	个	10		10	
(175)	四方形钢盆	12″×12″	个	10		10	
(176)	热杯座	中	台	3	2	5	
(177)	铝质托盘	20″×18″	个	20		20	
(178)	铝质托盘	18″×16″	个	20		20	
(179)	铝质托盘	16″×14″	个	20		20	
(180)	铝质托盘	14″×12″	个	20		20	
(181)	大圆码碟	12″	只	60	20	80	
(182)	中圆码碟	10″	只	60	20	80	
(183)	热碟座	中	台	3	2	5	
(184)	钢箱连盖	7″×4″×2.5″	个	8		8	装物料用
(185)	钢箱连盖	6.5″×6.5″×2.5″	个	8		8	
(186)	钢箱连盖	7″×7″×4″	个	10		10	
(187)	钢箱连盖	7″×6″×6″	个	10		10	

续　表

编号	名称	规格	单位	用量	库存	总数	备注
(188)	钢箱连盖	$13'' \times 7'' \times 6''$	个	10		10	
(189)	钢箱连盖	$13'' \times 10.5'' \times 6''$	个	10		10	
(190)	鹅肝酱盅连盖	$12'' \times 4'' \times 3.5''$	个	5	5	10	
(191)	鹅肝酱盅连盖	$11'' \times 4'' \times 4''$	个	5	5	10	

2. 用具、厨具及设备采购要旨

选购用具、厨具及设备可遵循以下原则：

（1）以上的选购种类、规格、数量等只是一些参考数据，实际应用的时候因为餐馆的大小、目标顾客群、档次、装修格局、经营项目等不同而会有很大的出入，所以采购时必须按照自己所经营的餐馆的实际需要来决定采购内容。

（2）采购之前一定要根据本餐馆各功能区域的实际需要认真细致地做好详尽的采购计划，尽量把需要的数量预测准，尽可能一次性地购买，以获取批量性的优惠，降低采购成本，同时也能提高采购的效率。

（3）很多城市都有成行成市的餐饮业用品的批发市场，可以到那里集中采购。目前，网购也被一些餐饮企业所采用，网购价格会比较低廉，但是一定要找那些有信誉、有质量保证的商家。这可以通过一些同行去打听。

（4）如果档次不是很高的中小型餐馆，还可以通过网络或者其他关系联系上一些高级酒楼或宾馆的餐饮部购买一些二手的用品。因为这些高档场所会在一定的时候更新一次用品。而这些被更新的用品往往还有

几成新，还能使用，但是价格却低很多，这样便能大大降低开业的成本。

（5）设备的采购尤其要慎重，应特别注重质量的保证和售后服务的跟进。不要购买陌生牌子的设备，因为如果蒸柜、焗炉、雪柜等设备一旦出现故障，就会马上影响经营，特别是如果在开业的时候出问题，那一定会大大降低人气，为今后餐馆的发展投下阴影。

（三）家具

1. 家具采购参考目录

1）中餐馆家具、布草类

编号	名称	规格	单位	用量	库存	总数	备注
（1）	折台	4′	张	20	10	30	可折叠
（2）	鸡翼台	40′	张	90	10	100	用以放置台面
（3）	8 位台面	4.5′	张	20		20	
（4）	10 位台面	5′	张	20		20	
（5）	12 位台面	5′	张	40		40	
（6）	14 位台面	6′	张	10		10	
（7）	16 位台面	7′	张	3		7	
（8）	餐椅	11.18″	张	600	100	700	
（9）	小童椅		张	25		20	
（10）	大红台布	90″	张	30	30	60	
（11）	小台布	64″	张	500	100	600	
（12）	中台布	80″	张	300	100	400	
（13）	大台布	90″	张	150	50	200	

续　表

编号	名称	规格	单位	用量	库存	总数	备注
(14)	特大台布	102″	张	30	30	60	
(15)	口布	20″	块	600	300	900	
(16)	小毛巾	12″	块	600	300	900	
(17)	大台裙	240×35″	条	6	3	9	
(18)	中台裙	168×35″	条	6	6	12	
(19)	红口布	20″	块	120	100	220	
(20)	出菜桌		张	1		1	规格因地制宜
(21)	流水桌		张	1		1	规格因地制宜
(22)	屏风		扇				规格数量按需要购置
(23)	茶几		张				按房间需要购置
(24)	沙发		张				按房间需要购置
(25)	样品台		张				规格因地制宜
(26)	餐橱		个	1~2		1~2	规格因地制宜
(27)	排菜台		张	5		5	规格因地制宜

2）西餐厅咖啡厅台椅类（以 240 餐位算）

编号	名称	规格	单位	用量	库存	总数	备注
(1)	方桌	36″×36″	张	30		30	
(2)	长方桌	60″×36″	张	20		20	
(3)	椅子		张	300		300	规格随桌子
(4)	服务桌		张	4		4	规格随地方
(5)	餐巾	20″×20″		500	250	750	

2. 家具采购要旨

餐馆的家具及其摆设与装修一样是餐馆的形象的重要组成部分，它显示着餐馆的格调、档次、品味。有些是清一色的红木家具，有些是比

较现代的线条优美的造型独特的家具，有些餐馆全部使用藤织的家具。有些稍有档次的餐馆，分别摆上风格各异的沙发、茶几、瓶花，显示出各种各样的情调，很能吸引一些会欣赏懂享受的经常大单消费的客人。有些家具是装修好后购进的，有些则是在装修时连同装修一起完工的。因此，采购的时候绝不要掉以轻心。以上列出的家具只是很基本的种类，究竟选购何种家具、购进多少、规格如何、风格如何，都要视餐馆的实际情况而定。甚至与餐馆经营的菜系、档次、风格、面积等因素都有关系。一般情况下可遵循以下原则进行采购：

（1）视餐馆的具体经营情况而定。①以经营种类为主要考虑基点。比如大排档式、快餐式的店面可以购进一些比较粗朴一点的家具；茶餐馆、西餐厅可以用一些较现代的、线条简单明快的家具，也可以摆设沙发，还可以用塑料家具。笔者在美国就看见一些茶餐馆既有塑料家具，也有几张长沙发供人休憩上网喝饮料。稍有档次的中式餐馆还可以使用红木家具、藤制家具。②以经营档次为主要考虑基点。比如，你经营的餐馆装修很讲究，大厅的面积比较小，而房间却很多，而且你要在每个房间体现出不同地域，甚至不同国家的风情的话，家具的款式就要丰富，数量也要多，做工也要比较精致了。

（2）以经营面积及装修的间隔结构来决定家具的规格、体积。比如，房间里的备餐间才2米长，1.2米宽，却要放一张近一米宽的排菜桌显然不合适。又比如一间房间才十一二平方米，却要摆一张2米长，0.7米宽的沙发，也显然会令人感到房间拥挤。

（3）可通过互联网搜索或者同行的介绍选择合适的厂家成批订造，

如此可大幅减少开业的成本。

（4）严格控制购进的数量。一定要按照各个功能区、办公室的实际需要一张不多一张不少地购进各种功能家具，餐桌餐椅的购进数量一定要考虑到节假日旺市时的需要，按照经营面积能放得下的桌子、椅子的最大限度来决定采购的数量。

（四）服饰

所谓服饰，就是餐馆员工所穿着的工作服。餐馆工作人员的服饰是餐馆一道流动的风景线，美观得体的服饰令客人赏心悦目，能调动客人享受优质服务的兴致，抬高餐馆在客人心目中的地位。

厨师的工作服几乎普天下一样，全是白色的，这似乎已不用多说，其帽子的高度也有点意思，帽子越高说明级别越高。传菜、侍应、迎宾、部长、主任、经理等不同身份的员工，应该在颜色和款式上有所区别。

所谓工作服，就是穿上去参加工作的，因此必须有利于员工工作时的活动，必须穿着舒适自然，不会妨碍工作。

服务员的服饰是餐馆形象的一个很重要的组成部分，款式和色彩应该与餐馆的装修和谐匹配，相映成趣。笔者就见过，在香港一个比较高级的中餐馆，女侍应身着旗袍，与餐馆古色古香的装修相互映衬，显得极其和谐柔美，也极显中国的民族特色，给食客留下很深的印象，备受外籍人士的欢迎。一些以地方命名的餐馆，其服饰最好能体现该地方的风格或特色。好像"东北人"饺子馆，其服务员大红大花的服饰就很夺

目，使人看后久久不会忘记。总之，每一间餐馆的服饰都应有自己的特色，或在颜色上，或在款式上。在采购之前不妨到附近的同行那里去观察一下，务必使之既与他们不同，又大方得体，美观耐看。

服饰也应分冬夏装，夏天宜用浅色，冬天宜用稍深色。

眼下，迎宾小姐或茶艺员多为旗袍，部长、主任、经理等多为制服，如西装等，体现出美观庄重。

除了颜色和款式，也要注意质料的选择，一定要耐用且不易变形。这是采购人员必须要注意的。

（五）办公用品

餐馆虽然是专门提供烹调产品和服务的场所，但办公用品也是少不了的，简单的如前厅的点菜单和笔，都是基本的办公用品，缺少了这些

办公用品餐馆的经营管理就运转不起来，因此，采购的时候必须把购置办公用品当做一项重要的内容，哪怕它极其琐碎。

1. 办公用品采购参考目录

（1）大件物品：饮用水机、办公桌、办公椅、档案柜、保险柜、影印机、传真机、电话机、杂物柜、杂志架、报纸架、会议室会议桌、会议室椅子、办公室用白板、办公桌玻璃。

（2）小件物品：公司信封、公用信纸、电话号码查询本、电话记录本、公文袋、尺子、复印纸、传真纸、订书机、订书钉、打孔机、透明粘贴纸及其纸座、告示贴、笔座、月份牌、涂改液、办公桌上的文件夹、文件夹座、透明档案袋、硬皮档案袋或夹、白板笔、白板擦、一次性水杯、记事本、胶水、割纸刀、回形针、剪刀、粗笔、圆珠笔、印台、日期印章、取消印章。

（3）财务用品：各种账簿、分录传票、发票、零用现金传票等。

2. 办公用品采购要旨

购买办公用品务求按需购买，日常消耗比较多的用品比如圆珠笔、订书钉、信封信纸等可以适当有一些储存，但不能积压长时间不用。

（六）餐牌和酒水牌

1. 餐牌和酒水牌的制作要旨

餐牌和酒水牌（下称两牌）是餐馆形象的一个重要组成部分，餐牌和酒水牌的外观和内容会直接影响餐馆的营业，制作一定要美观实用，

也就是要有一个漂亮的外表，还要有实用的内容。所谓实用的内容，就是要在两牌上体现出餐馆的市场定位、服务思想、顾客需求、菜肴种类、菜式搭配、酒与菜式的搭配、烹调方式、食物品质、营养的均衡、消费的水平、品质的档次及顾客的种族与宗教信仰、社会的经济状况等，这一切皆需要作出相应合理的编排和配合。

餐牌要按季节性更换，所谓不时不食，不同的季节有不同的菜单，春、夏季节一般以清淡为主调，秋、冬季节则以汁厚味浓为主。此外，菜式还须作分门别类的编排，以便顾客容易挑选其钟情的菜式。例如汤类、翅类、煲仔菜类、水产类、禽类、猪牛羊狗兔等畜肉类等。

两牌印刷要精美，易于清洁，脏兮兮、黏糊糊的餐牌会令食客倒胃口。餐牌和酒水牌是餐馆的产品广告，是餐馆为提供高品质服务而给客人参考的，因此，应该能诱发客人的最大的消费冲动，那么用怎样的照片、设计怎样的宣传语、用怎样的字体才能极大地调动起客人的消费欲望呢？这是必须着重考虑的，而且要站在顾客的角度去考虑。归结起来，就集中到制作两牌的目的上了。这目的是：

（1）应能促进销售，有助于餐馆提高业绩。

（2）应能满足消费者的需求并积极地引导其提高消费的欲望。

（3）在消费者心目中树立起美好的形象。

（4）增强餐馆的竞争优势。

2. 餐牌和酒水牌制作商的选择

这是一道很重要的程序，应该找一些有丰富的菜单制作经验、较长时间的专业资历的制作商，找两到三个，让他们作设计竞争和报价，然

后餐馆组成由总经理、副总经理、楼面经理、财务部经理、采购部经理参加的审议组共同确定取舍。

（七）酒水和香烟

餐饮，就是既吃也喝，边吃边喝，餐饮企业既要为消费者提供美味佳肴，也要为其提供合适的饮料。虽然酒水不是餐馆的生产品，但因为它是伴随着这些生产品一起销售的商品，同样为餐馆创造着赢利，所以，采购这些商品是必不可少的。食客在餐馆消费的时间一般都比较长，少则一个小时，多则几个小时，烟客少不了要抽很多烟。一时抽完了就要补充，如果餐馆没有这方面的供应，会很不方便。曾经见过一位客人要求买烟，但是餐馆刚好售完，于是客人就吩咐服务员到外面去买，使服

务员感到很为难，因为她们在工作的时候是不可以离开工作岗位走出餐馆的，尽管后来经主任同意还是去了，但是这种服务模式是不可取的，如果这样要求的客人多了，根本就服务不过来。所以，餐馆柜台上有品种、数量都比较充足的香烟存放同样是很必要的。

采购酒水和香烟需要采购员有以下的基本知识。

1. 酒采购参考目录

如果按照酒的生产方法来分大致可以分为三种——蒸馏、发酵、配制，通过这三种方法生产出来的酒分别为蒸馏酒、发酵酒和配制酒。

1）蒸馏酒

通常是指把经过发酵的原料加以蒸馏提纯后获得的含有较高酒精含量的液体。由于经过一次、二次，甚至多次的蒸馏，所以取得的酒液质量较高。常见的蒸馏酒，进口的有荷兰金酒、威士忌、白兰地、朗姆酒、

伏特加酒、特奇拉酒和中国的白酒，如比较有名的有：贵州的茅台酒、董酒、习水大曲；湖南的酒鬼酒、武陵酒、湘泉酒、白沙液；山东的孔府家酒、金贵特曲；北京的北京醇、二锅头；青海的青稞酒；陕西的西凤酒；山西的汾酒、竹叶青；河南的杜康、赊店；苏州的洋河大曲、双沟大曲；江西的四特酒；安徽的古井贡、口子酒；四川的五粮液、五粮醇、全兴大曲、泸州老窖、剑南春、郎酒；内蒙古的宁城老窖、河套老窖，等等。这类酒又可以按照主体香味的特征来分类：①浓香型白酒，以浓香甘爽为其特点；如五粮液、洋河大曲等；②酱香型白酒，以酱香柔润为其主要特点，如茅台酒；③清香型白酒，以清香纯正为其特点，如山西的汾酒；④米香型白酒，如桂林的三花酒；⑤其他香型白酒，如董酒、西凤酒等，香型各有特征。

2）发酵酒

通常是指以谷物和水果汁为原料，将其直接放入容器中加入酵母发酵而酿制成的酒液。餐馆里一般销售的发酵酒有啤酒、黄酒、米酒、葡萄酒、水果酒等。

（1）啤酒。啤酒酒精含量低，泡沫丰富，洋溢着大麦香，又有淡淡的带点刺激的甘苦味，很受消费者欢迎。啤酒可分为生啤和熟啤，生啤又称鲜啤酒和喳啤酒。生啤使用微孔过滤，不作热杀菌，让啤酒保持新鲜、可口，又由于发酵时间短，酒中含有活酵母，所以不适宜长途运输或长期存放。瓶装生啤保质期可达半年，但因其经过大分子过滤杀菌，会损失部分大粒蛋白质分子，从而略影响啤酒的独特风味；熟啤则需连包装瓶一起在65℃~70℃温度下蒸煮半小时以灭菌，使啤酒在色泽、清

澈度、口味、营养性等方面都发生变化，令人遗憾的是失去了新鲜口味，却多了氧化味，但保质期相对长一点。当然，从浓度和色泽来分，也可以分为淡色啤酒、浓色啤酒、黑啤酒以及全部以麦芽为原料或部分用大麦代替而酿制的其他啤酒。

眼下餐馆销售的啤酒多为蓝带、百威、珠江纯生、青岛啤酒、哈尔滨啤酒、喜力、嘉士伯、燕京啤酒等。

（2）黄酒。黄酒是世界上最古老的酒类之一，只有中国才生产，与啤酒、葡萄酒并称为世界三大古酒。

在最新的国家标准中，黄酒被定义为：以稻米、黍米、黑米、玉米、小麦等为原料，经过蒸料，拌以麦曲、米曲或酒药，进行糖化和发酵酿制而成的各类黄酒。

按其含糖量可分为以下6类：

干黄酒：酒中的含糖量最低，应小于 1.00 g/100 ml（以葡萄糖计），在绍兴地区，干黄酒的代表是"元红酒"。

半干黄酒：保留了一些糖分，又称"加饭酒"，酒的含糖量为 1.00% ~ 3.00%。该酒风味独特，口感优良，能长久贮藏，是黄酒中的上品。

半甜黄酒：该酒含糖量为 3.00% ~ 10.00%，比前两种要高，但酒香浓郁，甘甜可口，酒精含量适中，是黄酒中的珍品。这种酒不宜久存，久存色泽会加深。

甜黄酒：该酒含糖量达 10.00 ~ 20.00g/100ml。由于制作时加入了米白酒，酒精含量较高。

浓甜黄酒：糖分大于或等于 20g/100 ml。

加香黄酒：该酒以黄酒为酒基，经浸泡（或复蒸）或加入芳香动、植物的浸出液制成。

黄酒产地较广，品种很多，著名的有浙江加饭酒（花雕酒、女儿红等）、广东珍珠红酒、绍兴状元红、福建老酒、上海老酒、江西九江封缸酒、无锡惠泉酒、江苏丹阳封缸酒、山东即墨老酒等。黄酒酒精含量低，不伤肝胃，且含有大量蛋白质、氨基酸、核黄素以及碳水化合物等有益于健康的物质。

2009 年的中国十佳黄酒品牌为：古越龙山（国家名酒，广西柳州市古岭酒厂）、会稽山黄酒（中国名牌，会稽山绍兴酒股份有限公司）、嘉善黄酒（浙江会稽山嘉善黄酒公司）、塔牌黄酒（中国名牌，浙江塔牌绍兴酒有限公司）、女儿红（绍兴女儿红酿酒有限公司，中华老字号）、即

墨黄酒（山东即墨黄酒厂）、海神黄酒（知名品牌，安徽省海神黄酒有限公司）、金枫黄酒（上海金枫酒业）、沙洲黄酒（中国名牌，张家港酿酒集团）、白蒲黄酒（江苏南通白蒲黄酒有限公司）。

黄酒保存的环境要凉爽，温度要平稳。

（3）米酒。又称甜酒、甜曲酒。米酒是用大米作为原料，酒精含量较低，味道偏甜，在南方很受欢迎。相传，凉茶、靓汤、米酒曾被视为粤式生活的"三宝"之一。一直以来，广东人喝米酒都习惯于不分季节，不分时段，午饭、晚饭、夜宵甚至在酒楼喝早茶，都会品上几口。米酒价格比白酒便宜，几块钱一瓶，消费群集中在四十来岁以上，有人戏称其为"老人酒"。用糯米做出来的甜米酒味道特别佳，老人、妇女甚至少年都很喜爱品尝，因此食用也最普遍。比较出名的有石湾米酒，九江双蒸酒，顺德的红米酒，广州的陈太吉，客家黄老酒，杞子黑糯米酒，梅州黑米酒，广州老妈冰甜酒，等等。

（4）葡萄酒。根据国家标准，葡萄酒是以新鲜葡萄或葡萄汁为原料，经酵母发酵酿制而成的，酒精度不低于7%。

按酒的颜色，葡萄酒可分为红葡萄酒、白葡萄酒、桃红葡萄酒三大类。按酒的含糖量，红葡萄酒可分为半甜红葡萄酒、甜红葡萄酒、干红葡萄酒和半干红葡萄酒。同样，白葡萄酒也可按这种方法分为半甜白葡萄酒、甜白葡萄酒、干白葡萄酒和半干白葡萄酒。

各种葡萄酒的含糖量应符合以下要求：

甜葡萄酒，含糖量为（以葡萄糖计）等于或人于50.1g/L；

半甜葡萄酒，含糖量为12.1~50.1g/L；

干葡萄酒，含糖量为小于或等于 4.0g/L；

半干葡萄酒，含糖量为 4.1~12.0g/L。

如果按酒中的二氧化碳的压力的大小来衡量，葡萄酒又可以分为三类：

无气葡萄酒，不含有自身发酵产生的二氧化碳或人工添加的二氧化碳。

起泡葡萄酒，此酒所含二氧化碳是以葡萄酒加糖再发酵而产生（也有用人工方法压入），要求酒中二氧化碳的含量在 20℃时保持压力在 0.35 MPa（3.5bar）以上，酒精含量不低于 8%（V/V）。起泡葡萄酒中家喻户晓的品牌就是喜庆时几乎都用的香槟酒。

葡萄汽酒，酒中的二氧化碳由发酵产生，也可以由人工加入，其酒中二氧化碳含量在 20℃时保持压力 0.0510~0.25 MPa（0.51~2.5bar），酒精含量不低于 4%（V/V）。

加香葡萄酒，这是葡萄酒经过再加工后的产品，是在葡萄酒中添加了可食用并能起显香作用的物质而成的酒液，也称开胃酒。按所添加的显香物质的不同可分为苦味型、花香型、芳香型和果香型。我国的味美思酒就是加香葡萄酒。白兰地是葡萄酒经蒸馏而成。那些冠以水果名称的白兰地，如苹果白兰地、樱桃白兰地和李子白兰地等都是加水果酿成的。

我们平常所说的红酒，实际上就是红葡萄酒。红酒的品牌繁多，国内稍有名的品牌有长城、张裕、王朝、香格里拉、云南红、新天、威龙干红、通化干红、龙徽干红、印象干红等。这都是比较大众化的，餐馆里经常销售。一些高档的餐馆也会销售进口的红酒。世界上稍有名的红酒品牌有：美国的作品一号、加州红，法国的总统之爱（HAUTBRI-ON）、美艳不可方物（MOUTON ROTHSCHILD）、英雄（BATEAU，中文也称龙船）、拉菲、青春年少、帕图斯（又称酒中王 PETRUS），澳大利亚的明日之星（FRANKLAND）、大家族（TAYLORS）、格菲，等等。

（5）水果酒。水果酒是以水果本身的糖分以及果皮上的酵母菌发酵而成的酒，既有水果的风味，也有酒的醇香。我国生产水果，很多水果都能酿制水果酒。现在，国内有些制酒企业又借用了白酒的成熟概念，提出发展有市场潜力的差异化产品的新思路，正在开拓水果白酒的制作和营销的新路。

3）配制酒

通常是指在蒸馏后得到的高度酒液或发酵后经过滤清的酒液中放入不同的药材或动物而浸泡成的酒液。浸泡的过程是全密封的，经过一段时间后，被浸泡的物质溶解于酒液中，使饮用的人获得一定的治疗效果或刺激效果。如国外的味美思酒（Vermouth）、比特酒（Bitter）、鸡尾酒、利口酒，国内的人参酒、蛇酒、蛤蚧酒、五鞭酒、鹿茸酒、杞子酒、蚂蚁酒，等等。除了浸泡，也可采取混合和勾兑的方法。所谓混合制法，是在高度数酒液中加入果汁、蜜糖、牛奶或其他原材料制成。勾兑，就是把两种或数种酒兑合在一起，例如将生产年份不同的酒勾兑在一起，将低度数酒和高度数酒勾兑在一起，将不同地域生产的酒勾兑在一起，从而创造出一种色、香、味都给人以新鲜感的酒液。在广东，笔者就见

过有些餐馆专门以此为卖点，酒吧柜台内外排满了大大小小的装满配制酒的缸，吸引了很多食客在旁观看。有些食客还专门从远道驱车前来品尝、购买这些配制酒，餐馆生意很旺。

2. 饮料采购参考目录

目前在市场上供应的饮料琳琅满目，数不胜数，可供选购的空间很大。作为一个采购员，必须对这些饮料有一个基本的认识，才能在了解自己餐馆的主要消费群体的基础上，根据季节的变化，知道哪些饮料是需要经常采购和怎样采购的。因此，我们有必要先了解中华人民共和国国家标准软饮料（又称非酒精饮料）的分类。本标准适用于经包装的乙醇含量小于 0.5%（m/V）的饮料制品。

1）碳酸饮料（品）（汽水）类

即在一定条件下充入二氧化碳气的制品，不包括由发酵法自身产生的二氧化碳气的饮料。成品中二氧化碳气的含量（20℃时体积倍数）不低于 2.0 倍。这类型的饮料具体又分为以下几小类：

（1）果汁型。即原果汁含量不低于 2.5% 的碳酸饮料，如橘汁汽水、橙汁汽水、菠萝汁汽水和混合果汁汽水等。

（2）果味型。即以果香型食用香精为主要赋香剂，原果汁含量低于 2.5% 的碳酸饮料，如橘子汽水、柠檬汽水等。

（3）可乐型。即含有焦糖色、可乐香精或类似可乐果和水果香型的辛香、果香混合香型的碳酸饮料。无色可乐不含焦糖色。

（4）低热量型。即以甜味剂全部或部分代替糖类的各型碳酸饮料和苏打水。成品热量低于 75kJ/100mL。

（5）其他型。即含有植物抽提物或非果香型的食用香精为赋香剂以及补充人体运动后失去的电解质、能量等的碳酸饮料，如姜汁汽水、沙示汽水、运动汽水等。

2）果汁（浆）及果汁饮料（品）类

即用新鲜或冷藏水果为原料，经加工制成的制品。这类型饮料包含以下几小项：

（1）果汁。因制作方法不同可分为以下几种：①采用机械方法将水果加工制成未经发酵但能发酵的汁液，具有原水果果肉的色泽、风味和可溶性固形物含量。②采用渗滤或浸取工艺提取水果中的汁液，用物理方法除去加入的水量，具有原水果果肉的色泽、风味和可溶性固形物含量。③在浓缩果汁中加入与果汁浓缩时失去的天然水分等量的水，制成具有原水果果肉的色泽、风味和可溶性固形物含量的制品。④含有两种或两种以上果汁的制品称为混合果汁。

（2）果浆。因制作方法不同又分为以下几种：①采用打浆工艺将水果或水果的可食部分加工制成未发酵但能发酵的浆液，具有原水果果肉的色泽、风味和可溶性固形物含量。②在浓缩果浆中加入与果浆在浓缩时失去的天然水分等量的水，制成具有原水果果肉的色泽、风味和可溶性固形物含量的制品。

（3）浓缩果汁。即采用物理方法从果汁中除去一定比例的天然水分制成具有果汁应有特征的制品。

（4）浓缩果浆。即用物理方法从果浆中除去一定比例的天然水分制成具有果浆应有特征的制品。

（5）果肉饮料。即在果浆（或浓缩果浆）中加入水、糖液、酸味剂等调制而成的制品，成品中果浆含量不低于30%（m/V），用高酸、汁少肉多或风味强烈的水果调制而成的制品，成品中果浆含量不低于20%（m/V）。

含有两种或两种以上果浆的果肉饮料称为混合果肉饮料。

（6）果汁饮料。在果汁（或浓缩果汁）中加入水、糖液、酸味剂等调制而成的清汁或浑汁制品。成品中果汁含量不低于10%（m/V），如橙汁饮料、菠萝汁饮料、苹果汁饮料等。

含有两种或两种以上果汁的果汁饮料称为混合果汁饮料。

（7）果粒果汁饮料。在果汁（或浓缩果汁）中加入水、柑橘类的囊胞（或其他水果经切细的果肉等）、糖液、酸味剂等调制而成的制品。成品果汁含量不低于10%（m/V），果粒含量不低于5%（m/V）。

（8）水果饮料浓浆。在果汁（或浓缩果汁）中加入水、糖液、酸味剂等调制而成的、含糖量较高、稀释后方可饮用的制品。成品果汁含量不低于5%（m/V）乘以本产品标签上标明的稀释倍数，如西番莲饮料浓浆等。

含有两种或两种以上果汁的水果饮料称为混合水果饮料浓浆。

（9）水果饮料。在果汁（或浓缩果汁）中加入水、糖液、酸味剂等调制而成的清汁或浑汁制品。成品中果汁含量不低于5%（m/V），如橘子饮料、菠萝饮料、苹果饮料等。

含有两种或两种以上果汁的水果饮料称为混合水果饮料。

3）蔬菜汁及蔬菜汁饮料（品）类

即用新鲜或冷藏蔬菜（包括可食的根、茎、叶、花、果实，食用菌，食用藻类及蕨类）等为原料，经加工制成的制品。

（1）蔬菜汁。即在用机械方法将蔬菜加工制得的汁液中加入食盐或白砂糖等调制而成的制品，如番茄汁。

（2）蔬菜汁饮料。即在蔬菜汁中加入水、糖液、酸味剂等调制而成的可直接饮用的制品。含两种或两种以上蔬菜汁的蔬菜汁饮料称为混合蔬菜汁饮料。

（3）复合果蔬汁。即在蔬菜汁和果汁中加入白砂糖等调制而成的制品。

（4）发酵蔬菜汁。即饮料蔬菜或蔬菜汁经乳酸发酵后制成的汁液中加入水、食盐、糖液等调制而成的制品。

（5）食用菌饮料。含两种制品，一是在食用菌子实体的浸取液或浸取液制品中加入水、糖液、酸味剂等调制而成的制品；二是选用无毒可食用的培养基，接种食用菌菌种，经液体发酵制成的发酵液中加入糖液、酸味剂等调制而成的制品。

（6）藻类饮料。即将海藻或人工繁殖的藻类，经浸取、发酵或酶解后所制得的液体中加入水、糖液、酸味剂等调制而成的制品，如螺旋藻饮料等。

（7）蕨类饮料。即用可食用的蕨类植物（如蕨的嫩叶），经加工制成的制品。

4）含乳饮料（品）类

即以鲜乳或乳制品为原料（经发酵或未经发酵），经加工制成的制品，可分为以下种类：

（1）配制型含乳饮料。即以鲜乳或乳制品为原料，加入水、糖液、酸味剂等调制而成的制品。成品中蛋白质含量不低于 1.0%（m/V）称乳饮料，蛋白质含量不低于 0.7% 称乳酸饮料。

（2）发酵型含乳饮料。即以鲜乳或乳制品为原料，经乳酸菌类培养发酵制得的乳液中加入水、糖液等调制而成的制品。成品中蛋白质含量不低于 1.0%（m/V）称乳酸菌乳饮料，蛋白质含量不低于 0.7% 称乳酸菌饮料。

5）植物蛋白饮料（品）类

即以蛋白质含量较高的植物的果实、种子或核果类、坚果类的果仁等为原料，经加工制成的制品。成品中蛋白质含量不低于 0.5%（m/V）。可分为以下几个种类：

（1）豆乳类饮料。即以大豆为主要原料，经磨碎、提浆、脱腥等工艺制得的浆液中加入水、糖液等调制而成的制品，如纯豆乳、调制豆乳、豆乳饮料。

（2）椰子乳（汁）饮料。即以新鲜、成熟适度的椰子为原料，取其果肉加工制得的椰子浆中加入水、糖液等调制而成的制品。

（3）杏仁乳（露）饮料。即以杏仁为原料，经浸泡、磨碎等工艺制得的浆液中加入水、糖液等调制而成的制品。

（4）其他植物蛋白饮料。即以核桃仁、花生、南瓜子、葵花子等为原料经磨碎等工艺制得的浆液中加入水、糖液等调制而成的制品。

以上关于饮料的标准是摘自《中华人民共和国国家标准软饮料的分类》，该分类还有关于瓶装水与茶饮料的规定，但由于餐饮业用这类制品很少，这里就不一一列举了。

6）茶叶

按国际上通用的分类法，可将茶叶分为三大类：

（1）不发酵茶：绿茶，如碧螺春、龙井等。

（2）半发酵茶：轻度发酵茶，如清茶、茉莉花茶；中度发酵茶，冻顶茶、铁观音、武夷、水仙等；重度发酵茶，白毫乌龙。

（3）全发酵茶：如红茶。

3. 香烟采购参考目录

1）进口烟

目前在国内常见的进口香烟大概有：美国的红、白万宝路牌，美国的总督牌、健牌、骆驼牌、北极星；英国的555、喜登路等。

2）国产烟

名优品牌有：中华、红塔山、大红鹰、玉溪、恭贺新禧、红双喜、红河、一品梅、中南海、五一、利群、红梅、牡丹、石林、芙蓉王、白沙、金圣、福、娇子、红金龙、南京、阿诗玛、云烟、迎客松、红山茶、红杉树、黄果树、七匹狼、红旗渠、黄山、石狮、天下秀、羊城、将军、猴王、金芒果等。

一般品牌有：帝豪、宏声、盛唐、人参、苏蓉、沙河、洛烟、皖烟、散花、乘风、沉香、上游、苏烟、恒大、熊猫、北京、国宝、梦都、芙蓉、雄狮、西湖、海洋、中美、延安、长城、兰州、长沙、玉兰、红豆、国宾、江山、钻石、双喜、椰树、真龙、光明、渡江、都宝、雪莲、庐山、五牛、红玫、吉庆、长征、林海、灵芝、金桥、春城、好猫、遵义、桫椤、八喜、大鸡、盛唐、美登、龙泉、公主、甲天下、五叶神、群英会、黄金叶、东方红、金许昌、哈德门、华西村、钓鱼台、新安江、黄鹤楼、蝴蝶泉、相思鸟、壹枝笔、红三环、北戴河、九寨沟、石家庄、小熊猫、小南海、长白山、香格里拉、龙凤呈祥、人民大会堂等。

4. 酒水、香烟采购要旨

1）合法渠道进货

采购酒水香烟一定要通过合法渠道，决不能通过三无的山寨厂家进货，销售单位必须有产品生产许可证、卫生许可证、税务登记证、营业执照、产品检验报告，如果是经营烟酒还必须有烟酒的专卖许可证。购买香烟需到拥有正规储存设备的烟草专卖局特许经营店购买，那里的香烟质量有保障。否则，很容易让假冒伪劣产品混进来引起伤人事故，引起顾客投诉，使餐馆蒙受巨大损失。

2）具备有关认证

所有商品的包装上都应该标有生产厂家、地址、电话。酒类产品还注明了等级、含量、生产标准号、酒精度、原料、生产许可证号，并具备通过 ISO 9001 国际质量体系认证企业的质量安全标志，具备防伪条码。所有产品都应该标明生产日期，饮料还应有有效期。接近失效期的

饮料是绝对不能采购的。

3）讲究采购技巧

采购酒水香烟类商品，需要具备一定的专业知识，讲究一点技巧，时刻警惕着不能买回假冒伪劣的产品，这样做还是能够堵住假货的路的。就拿香烟来说，假烟一般是冒名牌烟，首先可仔细看其包装，冒牌烟字迹边缘模糊，套色不太准，有明显走版现象，辨认起来比较容易。但有一种假烟，造假者用的是印刷厂试机时报废的真烟包装纸。这类纸制版精确，但色彩不正，套色走版，仍能识别。名牌香烟均有玻璃纸作外包装，厂家采用自动包装，松紧适度；假烟是手工包装，玻璃纸未经热压而会有皱褶。还有一个很明显的区别就是，正品烟的开口拉带外露端头呈圆形，而假烟却是剪断的齐头。

（1）红酒。红酒很讲究年份，因此首先要看年份，但这并不等于说时间越久越好。所谓好年份，是指十分适合葡萄种植的那些年份。普遍认可的红酒的"好年份"有 1982 年、1985 年、1986 年、1990 年、1995 年、1996 年、1998 年、2000 年及 2001 年、2003 年。其次要看产地。例如法国和意大利，这两个国家的天气变化较大，不同年份种植出来的葡萄品质会有很大差别，因此出产年份对他们生产的红酒品质影响较大。某个好年份制造出来的红酒其品质就会较高。澳大利亚、加州、西班牙、智利、南非、罗马尼亚等地天气比较稳定，所以年份对他们生产的红酒的影响比较低，质量也较稳定。再次看酒标，每一瓶红酒的瓶身都贴有酒标，上面有产品名称、配料表、净含量、纯汁含量、酒精度、糖度、厂名、厂址、生产日期、保质期、产品标准代号等。应尽量选购标注了葡萄品种的纯汁葡萄酒。然后观察酒的颜色。通体清亮透明，呈现深宝石红色，没有沉淀和混浊者为好酒；如果颜色发暗，缺乏光泽和亮度，则可以肯定酒的质量有问题。高档红酒，酒体澄清透明，有光泽。最后抽检瓶子的水松塞有否干裂松动，有的话质量就可能有问题，再看看水松塞和酒的水平面距离，过大说明可能有过多的空气进去，会使酒液氧化、变质。

（2）白酒。白酒有很多种香型，比如清香型、浓香型、米香型、酱香型、复香型（也称混香型）等，由于餐馆刚开业，还不知道客人的喜好，可以各类香型都选购一部分，但不要多。从酒的度数的角度，还要根据所开餐馆的地域来决定进货的种类。如果在北方，一般不要进低度的白酒，因为北方人嫌低度白酒没味道，大多数人反应还说容易上头；

在南方，如果餐馆定位主要不在商务消费上，就要以低度酒为主打产品。如果是中高档的餐馆，还应该适当进一点国家名酒。不管采购哪种酒，都要控制好数量，宁少勿多。待一段时间后再观察售出的情况以决定哪些品种应该保留或多购，哪些应该放弃购买。

采购白酒的时候首先要看包装。中高档白酒皆有防伪标志，可以要求供货方给予鉴别。其次要看酒液的清澈度。好酒没沉淀，不混浊，毫无悬浮物，清澈透明。若用力摇晃，会出现些许混浊，然后缓慢地消失。劣质白酒没有此等现象。然后要亲自品尝，打开瓶盖，优质酒香味扑面而来，入口则感浓香甘甜，不像劣质白酒一喝就呛口。最后还要看包装，真品一定是用固定用瓶，玻璃质地均匀细腻，极少泡花，瓶盖大多是铝质扭断式防盗盖或瓶盖外加塑料套，瓶盖上多印有厂名或酒名，酒标的做工也很精细，字迹清楚，颜色鲜艳，印刷清晰；假冒伪劣产品酒瓶质地粗糙，瓶盖很多都是铁制的扭断防盗盖，但却难以扭断，有些甚至有明显焊迹，还兼有锈迹，密封性差，把瓶子倒过来，有些还会渗漏，盖上字迹、图案模糊。真品的纸箱纸质坚硬，造型讲究，印刷精美，色泽鲜明；假冒伪劣产品纸质粗糙，色调不协调，有些字迹甚至出现重影。

（3）黄酒。首先一定要坚持到正规的大的酒行去购买，不要到私人的小店。其次看产品标签，如上面注明是执行国家标准，如 GB/T 13662、GB 17946 等，那么就可靠，因为符合这些标准的产品质量有保证。最后看产品本身，从其色香味三方面进行观察和感受，质量好的酒液应是呈黄褐色或红褐色、浅黄色，并清亮透明（即墨黄酒除外），允许有少量沉淀，无沉淀者更优。香气宜浓郁，味道应醇厚稍甜，而且无

酸涩味。酒液如已混浊，色泽变得很深，那就可能已经开始变质，绝对不能采购。黄酒是越陈越香，年代越是久远酒品越高，越显得珍贵。

（4）茶叶。茶叶如果长时间存放，品质会逐渐降低，因此应选购最近期生产的茶叶，即尽量购新茶不购旧茶，此其一也；第二是，对比四季收获的茶叶，春茶叶质柔软，芽叶肥壮，白毫显露，色泽翠绿，其口感比夏秋茶更为鲜滑，香气更加浓郁。而且春茶成长期间极少病虫害，一般不用喷洒农药，因此春茶是一年中绿茶品质最好的。夏茶由于花青素、咖啡碱、茶多酚含量明显增加，其口感苦涩。秋茶香气渐薄，远比不上春茶。因此采购时，应该正确选购春茶。此外，还要懂得如何鉴别名茶与普通茶，要看看茶叶有没有混级销售，看茶叶的品质与价格是否相称，其性价比如何。

鉴别茶叶质量，首先看茶叶的颜色，以亮泽、灰褐或暗绿色为好，其次看茶叶的干净度，不应有太多茶梗、茶籽及杂质，最后看茶叶的形状，条形要粗壮，茶球要紧实，叶面要平直，不能显得松散零碎。

4）结合餐馆的实际需求控制数量和品牌

酒水、香烟的采购一定要紧密联系餐馆的目标消费群体的需要，要和餐馆档次、规模匹配，要讲究餐馆所在的地域性。以企业为主体的商务型的消费、以家庭为主体的大众式消费、以联谊交际消闲为主要目的的日常消费，其对酒水香烟的品牌、数量的要求有很大的区别。中上档次的餐馆，其消费群体很可能对红酒、威士忌、高档白酒、高档啤酒有需求，如果餐馆规模比较大，需要量就会大。档次比较低的餐馆一般准备大众化的商品就可以。由于饮料有保质期，香烟放置久了也容易发霉

变质，因此一定要控制好各个品牌的采购数量。宁少勿多的原则一定要
坚持，没货了临时补进是很容易的事情，但是商品变质了或者超过了保
质期，餐馆就要蒙受损失。

5）保证存放环境的安全

酒和饮料的包装都易碎或者易变形。包装外观变了形的饮料是绝对
不能提供给客人的，因为这会损害餐馆的形象，因此，在购进、存仓的
过程中都要注意防碎防变形。香烟的存放就需更加小心，注意防潮防发
霉。存放香烟的库房最好放置吸湿机，定期抽湿，保持干燥通风，有条
件的话还要保持低温。如在高温高湿的地方，只需一个夏天，香烟干丝
醇化，吸足了水分，天一变极容易发霉；而在干燥寒冷地区，香烟保质
期有好几年，在冰箱里甚至可以保存更长时间。不过，在正常情况下，
其存放时间一般不要超过两年，否则即使香烟没有发霉变质，其口味也
会改变，品质大不如从前。同一品牌的香烟由于摆放地温度和湿度的差
异，保质期也不一样。由于香烟都没有标注生产日期和保质期，因此存
放香烟的时候一定要在仓储标签上注明进仓日期，坚持先进先出的原则。

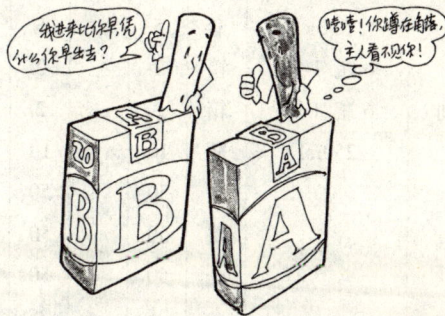

（八）清洁用品

　　根据《餐饮业食品卫生管理办法》的要求，储存食品的场所、设备应当保持清洁，无霉斑、鼠迹、苍蝇、蟑螂；餐具使用前必须洗净并消毒，餐馆有关工作人员在接触熟食前必须洗手；餐馆正常开业后，餐饮环境、生产环境需要每天都保持清洁，洗手间需要不间断地除臭，保持干燥整洁，餐具、厨具、布草要不断地清洗，因此每天都需要大量的清洁用品，那就必须购置必要的清洁用品。清洁用品种类繁多，以下用品可供采购时参考。

1. 清洁用品采购参考目录

编号	名称	规格	单位	用量	库存	总数	备注
（1）	洗碗碟机	大	台	2		2	中西厨各1台
（2）	喷沫玻璃水	12×250ml/箱	箱	2	1	3	
（3）	喷雾脱锈剂	250ml	瓶	10		10	
（4）	畅通沟渠粉	2kg	罐	15		15	
（5）	瓷器清洁粉	500g	盒	30		30	
（6）	炉灶去油剂	6瓶/1箱	箱	2		2	
（7）	刀叉浸银粉	500g	盒	5		5	
（8）	不锈钢喷洁剂	6瓶/1箱	箱	2		2	
（9）	抽油烟槽清洁剂	6瓶/1箱	箱	2		2	
（10）	香洁清新剂	250ml	瓶	10		10	
（11）	百洁布		块	50		50	
（12）	海绵百洁布		块	50		50	
（13）	钢丝球		个	50		50	
（14）	长柄海绵刷		个	25		25	

续　表

编号	名称	规格	单位	用量	库存	总数	备注
（15）	垃圾袋	100mm×70mm	个	1500		1500	
（16）	垃圾车		部	3		3	
（17）	垃圾铲	大	个	5		5	
（18）	扫把		把	10		10	
（19）	拖把		个	15		15	
（20）	拖把榨水器		个	5		5	
（21）	垃圾桶	大	个	10		10	
（22）	洗洁精	500ml	瓶	20	20	40	
（23）	干剂	300ml	瓶	20	20	40	
（24）	洗碗篮		个	50		50	
（25）	塑料筛		套	3		3	每套大中小各1个
（26）	塑料针筛		个	30	30	60	洗水杯用
（27）	塑料格盘		个	30	30	60	
（28）	塑料水桶		套	3		3	每套大中小各1个
（29）	塑料水盘		套	3		3	每套大中小各1个

2. 清洁用品采购要旨

清洁消毒何种物质，就必须对应使用何种的物质清洁用品，这是一个原则。比如，绝对不能用洗手液和只适用于环境消毒的消毒液来作餐具的洗涤和消毒，而必须使用符合有关卫生标准和要求的洗涤剂、消毒剂。洗刷消毒用的洗涤剂、消毒剂要符合《食品工具、设备用洗涤剂卫生标准（GB 14930.1）》和《食品工具、设备用洗涤消毒剂卫生标准（GB 14930.2）》的规定。之所以要如此，是因为如果餐馆从业人员使用不合乎要求的食品洗涤剂，不但会影响到自己的身体健康，还会影响到消费者的人身安全。需用的清洁用品绝对不能贪图便宜到三无企业去购买。

（九）电器

1. 电器采购参考目录

编号	名称	规格	单位	用量	库存	总数	备注
（1）	DVD 播放机		台				数量随房间数
（2）	签到灯箱		个	4		4	
（3）	音响设备		套	1		1	数量随房间数
（4）	电视机		台				房间数加大厅用数
（5）	唱 K 设备		套				数量随房间数
（6）	计算机		台	5		5	
（7）	电脑设备		套	10		10	
（8）	打印机		台	3		3	

2. 电器采购要旨

电器的选购一定要遵循"适合就最好"的原则。所谓适合，就是适合餐馆的档次、适合本餐馆的主要消费群体的需要、符合餐馆开业时的经济承受能力。电器的价格随档次的不同相差甚大，因此，首先要清楚自己能在这些电器上花多少钱，然后在这个范围内去选择品牌。随着时间的推移和餐馆业务的发展，电器用品是可以更新换代的。要注意商家是否拥有该品牌厂家授权的指定代理许可证，有无售后服务能力和质量三包的承诺措施。如果不是安装中央空调设施的，大厅和房间还必须安装冷气机或暖气装置。

1）电视机

现在的餐馆普遍都安放电视机，大厅放置大屏幕的，房间安放小一

点的。这几乎已经成为中档餐馆必备的设施。特别是房间，更是必不可少。好多客人喜欢在餐前或等朋友到齐的时候看看电视新闻。如果没有电视看，就会显得乏味很多。尤其是在有什么特别的体育赛事，如足球世界杯赛、中超联赛等的时候，电视机就是吸引客人的最重要的工具。不必买进口机，但一定要选购质量好的品牌，以免频繁出问题影响餐馆的形象。

2）音响及播放机

卡拉OK是广受人们欢迎并乐于参与的娱乐形式，俗语说"饱唱饿吹"，吃饱喝足了，一群朋友或一伙亲戚轮流对着麦克风秀一秀自己的歌喉，是放松的最好形式。因此，有些餐馆为了吸引客人，在房间里摆放了卡拉OK设备。这就需要设置音响和播放机，当然还有麦克风与点歌装置。因为音响的价钱比较昂贵，购买这些设施同样要注意成本的控制，只要音响效果过得去、适合本餐馆的档次要求就可以了，随着生意的扩展，积累的资金多了，可以适当更新。

3）电脑

随着科技的发展，现在很多餐馆的管理都离不开电脑了，这样能大大提高餐馆的服务效率。比如，接到订单后马上通过电脑输入到厨房、吧台以及收银台。可以在餐馆内或者靠近餐馆的地方设一个终端机，它能集中反映一张餐桌上的客人数目、所定的菜单、点要的饮料和价格等。购置这样的电脑系统，最好不要在电脑城购买那些组装电脑，而应该购买品牌电脑，价钱是贵一点，但是质量有保证。

（十）运输工具

一个有两三百个餐位以上的餐馆，运输工具是少不了的。主要用作采购和接送餐馆的业务客人以及其他一些应急之用，即使餐馆有稳定的供应商，但需要自购的时候还是很多的，特别是采购每天都需要的品种繁多的蔬菜、水产品等。如果是拥有很多家连锁店，就需要统一配送的企业，也更需要充足的运输力。一些中小型的餐馆，在开业期间，为了节省开支，少出漏洞，老板更是身兼采购员，带一个帮手，然后自己驾车到市场去采购。

1. 运输工具采购参考目录

餐馆最适宜用的是客货两用车和面包车。这两种车都可以用作采购和接送宾客，而且，一般不会受到城市交通在时间上、道路上的限制。而单纯的货车，则会受到这方面的种种限制，尤其是在大城市。

目前可供选购的汽车系列目录大致如下：

北京奔驰、华晨宝马、一汽奥迪、凯迪拉克、雷克萨斯、进口大众、克莱斯勒、一汽奔腾、一汽丰田、广汽丰田、广州本田、东风本田、一汽大众、上海大众、通用别克、通用雪佛兰、东风日产、东风标致、悦达起亚、东风雪铁龙、长安福特、北京现代、华泰汽车、一汽马自达、上汽荣威、南汽名爵、东南三菱、长安马自达、长城汽车、九龙汽车、进口道奇、大众斯柯达、吉利汽车、昌河铃木、奇瑞汽车、比亚迪汽车等。

上网搜索你需要用的汽车是最好的办法，网页上有对汽车型号、排

量、外观、厂家的全面介绍。可上中国图片网 http：//www. autopic. net/；深圳汽车大世界网 http：//www. mycar168. com/；也可到定期举办的汽车展销会上去现场物色适合你餐馆使用的汽车。

2. 运输工具采购要旨

采购汽车要注意其排量。因为有些交通比较紧张的大城市，在某些路段或某些时间段会禁止小排量的汽车通行。这样就会大大减低运输工具的使用率，加大了开业的成本，也影响了正常的经营。

购买多大容量或载重量的汽车还要与本餐馆的采购量与接待任务相匹配，如果你的餐馆是自购蔬菜，而每天购进的蔬菜量只不过二百公斤左右，那就不必买很大的车，不然，消耗汽油也浪费钱。须知七座以上的小车路费、过桥费、高速公路收费等都要比七座以下的要增加一个档次。

最好选择比较省油的车，以尽量减低经营成本。

千万不要贪图便宜在一些不知根底的二手车市场的摊档买车，最好是到比较正规的有一定口碑的销售商那里购买新车。二手车常常会被一些不良中介做手脚，掩盖了原来的缺陷。再说原车主也可能会留下一些不良信息影响餐馆的运营。这是必须注意的。

因为汽车是比较昂贵的固定资产，一定要按照本餐馆的实际需要决定购买的汽车的档次和数量。

（十一）出品部原材料

餐馆出品部用以生产的原材料很多，包括酱汁及调料、水产品、禽类、畜类、蛋类、蔬菜类等。

1. 出品部原材料采购参考目录

1）调料

调料是十分重要的原材料，纵使有质量再好的食品原材料，但如果没有好的调料与之配合，菜肴的质量也一定不能高水平地呈现出来。美味的菜肴是食品原材料和酱汁调料的完美结合。比如我们到餐馆享受清蒸鱼类的时候常会碰到这样的情况：鱼蒸得刚好到火候，很滑嫩，但是所配的酱油质量不行，于是口感大打折扣，兴致顿减，再没有了回头消费的欲望。粤式拉肠除了讲究蒸粉本身的嫩滑程度外，还要特别讲究酱油的味道，笔者尝过多间粥粉店的布拉肠，唯有银记的最可口，细细总结，其实粉的嫩滑程度都差不多，差异就在所配制的酱油上，银记的酱油是鲜甜的，而其他的就没有这效果。随着社会的发展，社会的产品服务越来越细分，调料的种类、品牌也越来越多，简直是数不胜数，很多是现成的，买来打开盖就能用且有很理想的效果。但在一些有特色出品的餐馆和一些有知名度的连锁餐馆，有些技术高超的厨师并不满足于这些现成的调料，会自己动手调配，创造出自己餐馆的口味特色。于是就存在着对市场上的商品的选择，哪些是可以现用的，哪些是针对自家的菜式需要动手再加工调配的。采购员就需与出品部有默契，心中有数。以下是一些采购品种的参考目录。

（1）酱油。酱油是以豆类或麦类为原料通过发酵制成的调料，在制作菜肴中起调味、增色、添香的作用。东北华北一带也称之为"清酱"，按质量等级分有特级、高级、一级、二级、三级酱油，按制作方法分有天然发酵酱油和人工发酵酱油，按存在状态分有固体酱油（便于储存和携带）和液态酱油。江苏一带把质量最好的酱油称为母油。酱油是配制一些特殊酱汁的基本原料，加进一些鱼酱汁、虾子、蚌汁、蟹子汁、果汁或者一些调味料就可成为另一类酱油，如味极鲜酱油、虾子酱油、蚌汁酱油、蟹子酱油、生鱼片酱油、鱼生酱油、蒸鱼酱油、寿司酱油、炒饭酱油、冬菇酱油、果汁酱油等。

（2）生抽。酱油的一种，浅红褐色，这是最基本的酱汁原料，是粤菜系对一些浅色酱油的统称。江苏一带称之为白油，质量好一点的生抽被称为"生抽王"，市面上现在也有一种鲜味生抽，可以直接用于烹调。因为生抽颜色比较淡，一般炒菜和拌凉菜的时候用的比较多。

（3）老抽。即浓酱油，江苏一带称之为黑油，浓褐色，偏甜味，一般用以肉禽鱼类的红烧加工，也是制作调配酱汁的基本原料。

（4）蚝油。蚝即牡蛎，蚝油就是用牡蛎为原料制成的调味料。其味道鲜美，有诱人的蚝香，是传统粤菜的配料，如蚝油生菜、蚝油鲜菇、蚝油豆腐、蚝油鹅掌等，用途极广，可用到的菜品极多。

（5）鱼露。是一种以鱼、虾为原料经过发酵而制成的酱汁，又称为虾油、鱼酱油，其营养丰富，含有8种人体所必需的氨基酸和较高的蛋白质，味道也很鲜美，粤菜中的潮菜用得比较多，但由于后来人们发现鱼露含有一些致癌的亚硝酸胺类物质，现在慢慢被其他酱汁所取代。

（6）酱。指以豆类及面粉为主要原料，加进适量的盐和水，经过制曲和发酵制成的糊状物，在烹饪中为菜肴增色调味添香，是餐饮业厨房加工不可或缺的原材料。

（7）豆瓣酱。又称干黄酱，酱中可看见一小块一小块的豆瓣。可以用黄豆或蚕豆制成，味鲜带咸且香，适用于蒸肉、炒菜、炸酱、调馅等。

（8）面酱。又称甜酱或甜面酱，顾名思义，可知味偏甜，可用于干炸、酥炸，用于酱爆肉禽类，也可作为蘸料。

（9）柱候酱。该酱因100多年前的首创者梁柱候得名，是粤菜里经常用到、不可或缺的一种调料。它能与绝大多数的调料配伍使用，能烹调多种食材，粤味牛杂满街飘香离不开它的功劳。柱候鸡、柱候鸭、柱候鹅、柱候牛腩牛杂等都离不开这种重要的调味酱料。

（10）海鲜酱。其实海鲜酱里并不一定含海鲜，但它却有海鲜的鲜味，是吃乳猪、烤鸭和火锅必不可少的酱料。海鲜酱还可以用来焖煮各

种肉禽及水产类，其特有的香浓酱味能去除海鲜、肉类的腥味，细腻嫩滑，使之有更佳的口感。

（11）虾酱。虾酱是常用的调味料，是用小虾加盐发酵磨成的酱，味道较咸，以颜色紫红、黏稠度高、酱质幼滑、无杂鱼及杂物，气味鲜香无腥味或其他异味者为优。

（12）芝麻酱。属香味调味品，以黄褐色、质地细腻、有芝麻的浓郁香气、无发霉和长虫者为优。应保存于干燥阴凉的地方，避免发霉。

（13）花生酱。属香味调味品，以黄褐色、质地细腻、有花生的浓郁香气、无发霉和长虫者为优。应保存于干燥阴凉的地方，避免发霉。

（14）香辣酱。属香味调味品，内含辣椒、花椒、胡椒、芝麻、植物油及一些自然香料，因此具有川味的麻辣香的特点，是烹调川菜不可或缺的调料。比较有名的品牌是李锦记豆豉香辣酱。

（15）叉烧酱。可用于烧烤前腌制肉类，也可用作小炒的调味料。可用之制作叉烧以及叉烧鸭等，有甜味、蒜香味和豆瓣香味。

（16）沙茶酱。分进口、潮州产、福建产三种。以色泽金黄、黏稠度高、有浓郁的复合香味者为佳。进口沙茶酱又称沙嗲酱，可做蘸料，也可做烹饪调料。

（17）大酱。亦称东北大酱，主要原料是黄豆。大酱是东北菜的主要调料，有夸张的乡谚云：东北人可以无妻无子无房无地，但绝不能没有大酱！可见这种调味料在东北人心中的位置。优质大酱呈金黄色，醇香扑鼻，常见的烹饪方法是肉末酱、茄子丁酱、土豆丁酱、萝卜丁酱和鸡蛋酱等。最简单的吃法是把灼熟的蔬菜放到不加任何佐料的纯大酱中

蘸来吃。

（18）黄酱。也叫大豆酱、豆酱，用法与豆瓣酱差不多，可用以制作炸酱面，也可用于烹制各种菜肴。以鲜艳的红褐色或棕褐色并有一定亮度、黏度稍高、有浓郁的酱香和酯香、无异味、无杂质者为优，是制作炸酱面的配料之一。

（19）蒸鱼酱油。这是商家为方便餐饮企业和家庭而推出的调味品，口味鲜美，咸甜适宜，适用于直接清蒸鱼虾和海鲜，也可点蘸。

（20）酸梅酱。可直接用于烹制酸梅排骨、酸梅鹅等菜肴。

（21）饺子酱。以大豆和虾仁为原料，经过活性酶解，添加浙醋、辣椒粉、香辛料，使其具有辣、酸、鲜、香等特点，供吃饺子时蘸用。

（22）牛肉酱。是一种以牛肉为主料，以豆瓣酱、黄干酱、番茄酱、辣椒、白糖等为辅料加工制成的调味品。

（23）豆豉酱。以豆豉、番茄酱、蒜茸、洋葱、老抽或生抽、白糖、陈皮、辣椒油、精盐、胡椒粉、鸡粉或牛肉等原料制成，用以伴食面点。

（24）磨豉酱。使用黄豆天然发酵制成，适用于鱼类以及各种禽肉类的炒、焖、蒸等，也可广泛用于其他菜肴制作的辅料。例如榄角磨豉酱蒸排骨、带子磨豉酱豆腐等。

（25）景料酱。是潮州菜特有的调味品，黄褐色，因原材料中有诸多自然香料，故香味极其浓郁，咸中带甜有微辣，是风味潮菜必不可少的调味品。

（26）麻辣酱。是以花椒、辣椒、辣椒油、芝麻酱、酱油、醋等为原料加工制成的调味酱料，用以制作麻辣菜肴。

（27）豉油膏。比较有名的是云浮豉油膏，是选用优质大豆作原料，经特殊工艺发酵，配以优质矿泉水、食盐等佐料制成，豉味香浓，适于制作豉油鸡、豉油三鲜和蒸鱼时使用。

（28）蒜蓉辣酱。以指天椒、番茄、大蒜、姜、糖、米醋为原料加工制成的辣味调味品，广泛用作蘸料，南方用得比较多。

（29）桂林辣椒酱。为桂林特产，有百年左右的历史。畅销我国南方和东南亚各国。因配料不同，又可分蒜蓉辣椒酱、豆豉蒜蓉辣椒酱等。味道鲜中有辣，辣中有甜，甜中带香，风味独特，既可作蘸料，又可以伴粉、面或其他菜肴一起食用。

（30）草莓酱。以鲜草莓、明胶、白糖作原料制成的果酱，甜中带些许酸味，伴面包多士一起吃，特别开胃。

（31）蓝莓酱。以野生蓝莓、砂糖、果胶为原料加工制成，紫蓝色，蜜甜中透着淡淡的清香。涂在面包、馒头上，口感一流。蓝莓果含人体不可缺少的微量元素和多种维生素，其中 VC 含量是水果中的冠军，野生蓝莓果中的"花青素"是维护眼睛健康、预防视力受损的重要元素。

（32）苹果酱。以苹果、砂糖为原料做成的果酱，可佐西点面食。

（33）芒果酱。西餐用酱，有浓烈的芒果香味，是面包的最佳伴侣之一。

（34）番茄酱。把番茄肉打成浆然后添加砂糖浓缩制成，用以烹制酸甜菜肴。

（35）木瓜酱。以木瓜、蔗糖、柠檬酸、苯甲酸钠等为原料加工制成，呈金黄色，甜中有微酸，保持了木瓜的清香，口感细滑，蘸于面包

馒头上佐吃，风味独特，也可与其他食材配伍做成菜肴，如木瓜牛柳。

（36）椰子酱。采用新鲜椰子原汁、新鲜蛋液、蛋粉和蔗糖精制而成，口感极其香滑，是一种高级营养果酱，是面包、多士的理想搭档。

（37）沙嗲酱。混合型调味品。国内称沙茶酱，福建和潮州均有出产，沙嗲酱是进口的沙茶酱，产于印尼、新加坡等东南亚国家，香港也有出产。具有大蒜、洋葱、花生等特有的复合香味及虾米的鲜味和轻轻的甜味、辣味。

（38）XO酱。是20世纪90年代从香港流入的酱料，用海鲜产品、火腿、蚝油、酒、糖、辣椒等作为原料而制成。现在应用广泛，比如XO酱香辣虾、XO酱拍黄瓜、XO酱炒萝卜糕、XO酱肠粉等。

（39）丘比沙拉酱。使用新鲜鸡蛋，保持了蛋黄的浓郁香醇，口感

清香细腻，用以制作各种蔬菜、水果沙拉。

（40）卡夫卡沙拉酱。又称蛋黄酱，用以制作各种色拉，也可用做煎炸食品的辅助调料。可与其他酱汁合用调成其他新的复合调料创出新口味，如与柱候酱、番茄酱、海鲜酱、嗯汁配伍使用。

（41）卤水汁。卤水汁在粤菜中是绝不能缺少的，广泛应用于卤水菜系中，如卤水鸡翅、卤水鹅掌翼、卤水拼盘、卤水五花肉、卤水豆腐等。也用作红烧肉、红烧鱼、红烧豆腐、红烧排骨等菜肴的辅料。

（42）鲍鱼汁。也称鲍汁，市场上有成品出售，鲍鱼汁是用发制鲍鱼时所得的原汁做基本原料，以鸡肉、火腿、猪皮、味精等作辅料熬制而成，成品味道鲜美，有浓郁的鲍鱼香味。以其制作的一系列的鲍汁菜肴如鲍汁冬菇、鲍汁豆腐、鲍汁菜胆等很受消费者欢迎。

（43）烧烤汁。复合调味品，供烧烤前腌制肉类等用。

（44）豉汁。用淡豆豉加入椒、姜、盐等的加工制成品。

（45）嗯汁。原是西餐的调味品，英文名称是 Catchup，现在也常用到粤菜中，与其他酱汁配伍烹调。吃饺子时以之为蘸汁，味道奇佳，别有一番风味。

（46）柠檬汁。榨取柠檬得到的汁液，淡黄色，极酸，多用于西厨及面点制作。

（47）茄汁。即番茄汁，榨取番茄的汁液再加上些许蜜糖制成，是烹饪中常用的甜酸调味料，很多酸甜的菜式都有用到。

（48）豉油鸡汁。较有名的是李锦记豉油鸡汁（酱烧鸡翅汁），以白砂糖、水、酱油、食盐、蚝油、焦糖色、姜等作原料加工制成，使用方

便。把鸡翅放于 2 份豉油鸡汁加入 1 份水中煮沸，便可烹煮出美味鸡翅。亦可用于肉类腌味，用作煎炒肉类的调味料及用作炒饭、炒面的芡汁。

（49）高汤。烹饪的辅助材料，在烹饪的过程中，凡是需要加水的时候就加进溶解了的高汤，以增加菜肴的鲜味。当然，高汤也可以餐馆自己熬制。

（50）白醋。以冰醋酸加水制成，无色无香味，只有酸味。

（51）酒醋。用生产白酒过程中产生的黄水酿制而成，品尝之，酸中带着酒味，风味一般。

（52）苹果醋。以苹果为原料，经两次发酵制成，也可做饮料。

（53）鸡粉。又称鸡精，是一种复合调味品，其基本原料是味精、盐、糖、鸡肉粉、辛香料、鸡味香精等，含有多种氨基酸，是烹调中不可缺少的基本调味品。

（54）牛肉粉。由牛肉汁萃取出的带有牛肉特有鲜味的调料。

（55）美极香菇粉。带有蘑菇香气的调料，能够突出食物蘑菇的味道。

（56）五香粉。是将超过 5 种的香粉原料如花椒、肉桂、八角、丁香、小茴香籽混合在一起而成，常涂抹在待煎炸的鱼肉禽肉畜肉上，以增加菜肴芳香的浓郁度，也适合用于炖、焖、煨、蒸、煮菜肴时作调味，亦可作拌馅。五香粉有多种配方，有些配方里还有豆蔻、干姜、胡椒、甘草、陈皮等。

（57）胡椒粉。以干胡椒碾压而得之，有黑胡椒粉和白胡椒粉之分。前者由未成熟的果实加工而成，后者是以完全成熟的果实加工而成。可

去腥增香，驱除寒气，增进食欲。

（58）咖喱粉。是咖喱菜系列的主要角色，咖喱鸡、咖喱牛杂、咖喱土豆、咖喱鱼块等都需要它。组成咖喱的香料颇多，比如茴香、丁香、胡荽子、芥末子、肉桂、豆蔻、黑胡椒、辣椒、姜黄粉等。这些各有独特香味的香料交会在一起，便产生了多层次刺激感官的效果，啖之齿颊留香。

（59）海鲜精。以海洋鱼类为原料，去头尾、内脏并粉碎，利用现代工艺进行多重技术加工制成。用于提鲜，鲜味醇和甘美，耐高温蒸煮，有一定的营养价值（含有多种氨基酸和矿物质）。

（60）腐乳。米黄色，既是大豆发酵食品，又是颇有感染力的调味品，通常用做火锅蘸汁及作肉品加工的拌料，广东一带炒通心菜常用之。

（61）南乳。又叫红腐乳，体积比腐乳要大，表面红色，里面是黄色，拌在肉里腌制一些时间再热加工，味道浓香。南方的南乳花生远近闻名。

（62）茴香。有大小茴香之分，两者皆常用之调料，因其能驱除肉中腥臭气，使之重新添香，故曰"茴香"。烹制鱼、肉、禽类，制作卤制食品时必用。大茴香即八角茴香。

2）肉禽类

肉禽类包括家养的畜类、禽类和可以不违法食用的野味类。每一种大型家畜，除了羊和狗，大多都不会整只出售，只能是采购某一部分，因此，就要懂得这些部分的名称和特点。

猪

（1）猪头。猪头包括猪头肉、猪脑、眼眶、猪耳、猪舌头、猪头骨、上下嘴尖、猪软腭、上下牙颌、猪屙、猪面肉等，这所有部位都能单独成菜，也有整猪头入菜的。

（2）颈肉。又称槽头肉，极其爽脆甘鲜，可蒸可卤可炒，很适合下酒。

（3）肩颈肉。在前腿上面靠近颈部的地方，长条形，很嫩滑，虽有肥肉，但肥而不腻。

（4）前肘。也叫猪踭、肘子、前蹄膀，位于前腿膝盖上面，瘦肉多肥肉少，但肉质极其滑嫩，扒、烧、焖、红烧、熬汤都行。

（5）猪手。即猪前腿，又称前蹄，此处皮多骨多筋多肉少，质量比后蹄好。胶质重，烧、炖、卤、煨、焖等均宜。

（6）里脊肉。又称腰柳、肉柳，猪肾和分水骨之间的一根长条瘦

肉，肉质极其细嫩，适宜卤、凉拌、腌、炒等多种烹饪法或做回锅肉等。

（7）外脊肉。又称脊背肉，在猪的背部，从肩颈肉开始到臀部顶部之间的一整条圆形肉，肉质很细嫩。

（8）五花肉。也称方肉、五花肋条，在前腿和后腿中间，外脊下方、奶脯上方，一层肥一层瘦，共有五层，肥瘦相间，其肉质较嫩，皮较薄，适宜烧、蒸、焖、炖、腊以及制作红烧肉、东坡肉等。

（9）夹心肉。在颈肉后方、肩颈肉下方、前肘上方的位置，肉质稍硬。

（10）奶脯肉。又称下五花肉、拖泥肉等，位于猪腹部（五花肉下部），带奶头，肉质差，多滚刀肉，肥多瘦少。一般适宜做烧、炖、炸酥肉等。

（11）后肘。又称后蹄膀、圆蹄，质量、用途与前蹄差不多，肉质坚实，可用于红烧、清炖等。粤菜中有一菜式叫"炖圆蹄"，十分美味，肥而不腻，入口满嘴甘香。

（12）臀尖。位于后腿的最上方，肉质细嫩，基本都是瘦肉。可以代替里脊肉，可用于爆、熘、炸、炒等，可卤、腌，可做汤，或做回锅肉。

（13）排骨。即五花肋条剔除肉后的肋条骨。可红烧、清蒸、烧烤、熬汤等。

（14）猪尾巴。皮多、脂肪少、胶质重，适宜烧、卤、熬汤等。

（15）猪骨。一般指猪身上除排骨以外的所有骨头。多用于熬汤。

（16）猪血。也叫红豆腐、血豆腐，可与豆腐共烩成一种叫"红白

"豆腐"的菜式，大多用于滚汤。

（17）猪心。细密有弹性，按压流出鲜红血液，无腥臭味。可炒可卤可炖可熘。

（18）猪腰。即肾脏，鲜红色，表层薄膜润滑有光泽、无异味者为优。

（19）猪肝。猪的肝脏，猪肝一定要选购新鲜的，紫色或褐色皆可，坚实有弹性，没有异味。可用多种烹调方法。

（20）猪肚。即胃，新鲜猪肚应是白色或略浅黄色，质地厚实，有弹性、有光泽，有黏液，但里面不应有硬块。

（21）猪肺。新鲜猪肺呈浅粉红色，有弹性，应无血斑，无异味。

（22）猪肠。质量好的猪大肠呈白色，黏液多，质稍软，具有韧性，异味轻，不带粪便及污物。如色泽变暗，有青有白或呈灰绿色，黏液少，

无韧性，易断裂，异味重甚至有恶臭味就表明已变质。

（23）猪脾。好的猪脾应是褐色，表面有弹性、有光泽，无异味。

（24）猪硬腭。猪的上腭骨，是一块长方形带波纹状形似搓板的软骨，故又称"搓板骨"、"天梯"，其质地软嫩爽脆，营养丰富并不含脂肪，是一种经常用到的烹饪原料。

牛

市场上销售的一般有黄牛、水牛、牦牛。黄牛主要分布在淮河流域一带及其以北的广阔区域。在我国，较优良的黄牛品种有以下几种：①河南省的南阳黄牛，此牛种肉质细嫩，味道鲜美，净肉率可达46.6%；②陕西的秦川黄牛，此牛种瘦肉较多，净肉率可达52.5%；③山西的晋南黄牛，此牛种皮薄骨细，肉质细嫩，净肉率可达43.4%；④山东西南部的鲁西黄牛，净肉率约达45%；⑤东北地区的延边黄牛，净肉率

达 47.23%。

专门供应西餐的还有牛仔肉，即出生 3～14 周的小牛的肉。

每头牛大概有如下可供食用的部分：

（1）牛颈肉。牛头后的前一段，包含肩胛骨上从脖子到肋骨的肉。肉质稍老。

（2）牛外脊。即牛通脊，紧接上脑，均为瘦肉，肉质细嫩。

（3）牛里脊。即通常所说的牛柳，位于外脊斜下方，紧靠后腿上方，亦即腰内肉，是牛肉中最细嫩的部分。

（4）腱子肉。也称牛筋腱子，四腿的上部，由于经常运动，筋多、肉质坚韧。

（5）胸前肉。两腿之间及上方一点的肉，脂肪较多，肉纹稍粗。

（6）腹胁肉。即牛腩肉，位于牛的腹部。

（7）大腿肉。即牛后腿，肉质较韧。

（8）牛小排。位于胸腔左右两侧，包括肋骨，肉质鲜美。

（9）牛鞭。公牛的外生殖器。爽口，壮阳。

（10）牛双飞。母牛的外生殖器。

（11）牛肚。即牛胃，牛共有四个胃，即瘤胃（又名毛肚）、网胃（又叫蜂巢胃、麻肚）、瓣胃（又称重瓣胃、百叶胃），最后一个为真胃，就是皱胃。瘤胃内壁肉柱俗称"肚领、肚梁、肚仁"，贲门括约肌，肉厚而韧，俗称肚尖、肚头。

此外，还有牛掌、牛头、牛脑、牛眼、牛鼻、牛舌、牛髓、牛腭骨、牛骨、牛血、牛睾丸、牛蹄筋、牛尾、牛心、牛肺、牛肝、牛脾、牛肠等。

羊

我国羊的资源甚为丰富，品种繁多，有山羊、绵羊、黄羊、青羊、羚羊、盘羊、岩羊等。

肉用山羊有：贵州白山羊、成都麻羊、波尔山羊（世界优秀的肉用山羊，肉质细嫩）、麻城黑山羊（优秀肉用山羊，肌肉纤维很细嫩）、南江黄羊、马头山羊、黄淮山羊、隆林山羊、承德无角山羊、鲁山"牛腿"山羊、雷州山羊等。

肉用绵羊有：萨福克羊、波德代羊、无角陶赛特羊、边区莱斯特羊、考力代羊、林肯羊、杜泊羊、夏洛莱羊、德克塞尔羊、罗姆尼羊、内蒙古的滩羊、小尾寒羊（优良品种，肉质厚而不硬）、大尾寒羊、浙江一带的湖羊等。

鸡、鸭、鹅等家禽

作为食用家禽，首先讲的是口感。我国家禽的资源极为丰富，随着

人民生活的不断提高，对吃的讲究越来越走向高档，几乎是各个省、市，甚至有些县镇都培育了有自己特色的家禽品种。有些是传统的品种，有些是在传统品种的基础上改良的品种，有些是本地品种与外来优良品种杂交的品种。可以说，现在国内家禽的品种数不胜数，无法在此一一列举，只能把笔者了解的若干品种罗列出来，作为某一地区的餐馆采购人员只需根据餐馆的实际需要，在自己所在地区的范围或不是太远的地方开拓一些优质的货源就可以了。以下是一些比较有名的品种。

（1）三黄鸡。按照传统的看法，三黄鸡本来是指羽毛、嘴、脚、皮肤都是黄色的鸡，这种鸡肉质嫩滑，皮爽骨酥，肥而不腻，味道鲜美。但是现在的概念有所改变，三黄鸡泛指黄羽毛的优质肉鸡，包括广东的三黄胡须鸡、清远麻鸡、杏花鸡、中山沙栏鸡、墟岗黄鸡、阳山鸡、怀乡鸡、石崎鸡、海南的文昌鸡、北京油鸡、上海的浦东鸡、山东的寿光鸡、河南的正阳三黄鸡、固始鸡、浙江肖山鸡、浙江台州的仙居三黄鸡（据说是自然放养品种，曾号称"中华第一鸡"）、福建莆田鸡、广西岑溪三黄鸡、霞烟鸡、安徽的皖南黄鸡、江苏的海红黄鸡、苏禽黄鸡、鹿苑鸡、江西省景德镇的景黄鸡、四川的彭县黄鸡、浙江福建贵州甘肃辽宁等地都出产的新扬州鸡等。

（2）土鸡。我国比较出名的土鸡有：广东的竹丝鸡、"凤中皇"清远鸡，湖南的桃源鸡，北京寿光鸡，上海的红宝鸡、申浦麻鸡，黑龙江的林甸鸡，青海西藏地区的藏鸡，内蒙古与山西一带的边鸡（又叫古玉鸡），甘肃省的静原鸡（又叫静宁鸡），陕西的略阳鸡，四川的峨眉黑鸡，辽宁庄河大骨鸡，山东的济宁鸡、莱芜鸡，浙江的仙居鸡、萧山鸡、

江山白羽乌骨鸡，江西的泰和鸡、丝毛乌骨鸡、崇仁麻鸡、宜丰土鸡、上饶的白耳黄鸡、南城五黑鸡，福建的白绒鸡、河田鸡，江苏省常州的溧阳鸡，云南的武定鸡，南通的狼山鸡，金门土鸡，原产于台湾桃园现已引进的花东土鸡等。

由于利益的驱动，现在市场上有一些生产商弄出了仿土鸡或在饲料上增加某种激素以制造快速生长型的土鸡，这在采购时是要仔细加以鉴别的。从外形上观察，真正土鸡的头很小、鸡爪细一些，体形紧凑干练，胸部和大腿肌肉厚实健硕，鸡冠大且挺直、颜色鲜红。仿土鸡外形有点接近真土鸡，但鸡爪稍粗、头稍大，鸡冠不是很挺直。快速生长型的土鸡头和躯体都较大，鸡爪很粗，羽毛比真土鸡要蓬松，鸡冠较小且多不直立。

（3）良种肉鸭。比较有名的是北京鸭、天府肉鸭、祖先是北京鸭经国外改良后又引进中国的瘦肉型樱桃谷鸭、从澳大利亚引进的狄高鸭、福建的番鸭（瘤头鸭）和连成白鸭以及金定鸭、产于贵州东南部的三穗

鸭、产于江苏苏州地区一带的苏州大鸭（也称娄门鸭）、江苏高邮鸭、四川的建昌鸭、产于浙江萧山一带的绍鸭（绍兴麻鸭）、产于河北白洋淀地区的白洋淀鸭、安徽省巢湖鸭、广西的桂西鸭、法国引进的奥白星鸭、丹麦引进的丽佳鸭等。

我国以体形的大小为鹅分类，分为小型鹅、中型鹅、大型鹅。

（4）小型鹅。成年公鹅体重不超过 5 公斤，母鹅 3.1~4.0 公斤，如太湖鹅（浙江上海一带有饲养）、五尤鹅、广东黑棕鹅、辽宁昌图的豁鹅、黑龙江松花江一带出产的籽鹅（豁眼鹅）等。

（5）中型鹅。成年公鹅体重不超过 8 公斤，母鹅不超过 6 公斤，如安徽江苏的雁鹅，浙江奉化市的浙东白鹅，产于湖南沅水支流的溆水两岸的溆浦鹅，产于四川省温江、乐山、宜宾、永川和达县等地的四川白鹅，产于安徽省西部丘陵山区和河南省固始一带的皖西白鹅，主要产于新疆伊犁哈萨克自治州的伊犁鹅以及引进的法国的朗德鹅和德国的莱茵鹅等。

（6）大型鹅。成年公鹅达到 10 公斤以上，母鹅达到 8 公斤以上，例如广东澄海县的狮头鹅、原产法国的土鲁斯鹅（又称茜蒙鹅）。

（7）肉用鸽。在餐饮企业的烹饪中，鸽的用量很大，肉用鸽的种类很多，比较有名的是广东中山市的石岐鸽、香港杂交黄鸽、体型最大的鸾鸽（也称"仑替鸽"、西班牙鸽）、美国产美国帝王餐鸽和贺姆鸽、丹麦餐鸽、德国的波德斯鸽、法国地鸽等。

（8）鹧鸪。俗称花鸡，分布于贵州西南部、广东、广西、福建、海南、江西、浙江及安徽以及云南西部和南部。现在全国皆有养殖。

（9）鹌鹑。现在全国都有养殖基地，餐馆烹调也经常用到。

3）肉类

眼下，市场十分复杂，违法经营很多，为了达到牟取暴利的目的，手段无所不用其极，以假充真、以次充好、以死充活、注水肉、瘦肉精等，五花八门、层出不穷。因此，采购的时候一定要多个心眼。

（1）要观察是不是注水肉。注水肉一般容易腐烂变质，如果注入的是含有大量细菌或有毒的污水，就会严重影响人体健康，引起客人投诉，更会损害餐馆的声誉。猪、牛、羊、狗肉都有此现象，后三者特别多，因此，采购时就要懂得辨别：A. 从表面看，注水肉给人以水淋淋的感觉，特别发亮，色泽鲜红，似乎很新鲜的样子，但是没有黏性。这是因为肌肉组织变得松软，血管周围出现半透明状红色胶的原因；B. 由于注水肉弹性差，刀切面闭合比较慢，有像肿胀一样的痕迹；C. 将普通薄纸贴在肉上，正常鲜肉有黏性，纸不易揭下，注水肉没有黏性，很容易揭下；D. 用吸水纸巾贴在切面上，未注水的肉纸巾一般不会有明显浸润或只稍有浸润，注水肉上的纸巾则会被明显浸湿；E. 或者干脆割一块瘦肉下来放在盘里，如果是注水肉，不用多久就会有水渗出在盘中。

（2）要察看是否含瘦肉精。一般人吃进 20 毫升左右的瘦肉精就会出现呕吐、心悸、头晕等中毒症状。鉴别方法是：A. 购买时要察看是否有卫生检疫合格证；B. 看猪肉皮下是否有肥膘，如果皮下紧贴着的就是瘦肉，就很可能含有瘦肉精；C. 从颜色上辨别，含瘦肉精的肉呈鲜红色，且肉质疏松，肥肉和瘦肉分离明显，肥膘较薄并带有很多气泡。

（3）要检查是否为有淋巴结的病死猪肉。此类猪肉肌肉为黑红色，

其脂肪为红色或灰红色、土黄色甚至暗青色，切面上的血管可挤出暗红色的淤血，并可清楚地看到淋巴结的肿大。

（4）紧接着要检查其是否是"米猪肉"，即患有囊虫病的死猪肉。要注意看其瘦肉切开后的横断面是否有囊虫包，如发现有米粒一般大小的水泡状物，那就是囊虫包，即可断定是米猪肉。米猪肉对人体健康影响极大。

（5）还要辨别其是否为母猪肉或公猪肉，因为母猪肉含有不利于人体健康的免疫球蛋白，尤其是产仔前的母猪含量更高。识别的方法首先是看皮，如果皮上的印章是红色的就有可能不是母猪肉，因为母猪上的印章应该是蓝色的。母猪皮肤很厚很硬，粗糙泛黄（但可以用漂白粉去色），而且皱纹多，毛孔粗而深，甚至有大如米粒、小如芝麻的凹陷（俗称沙眼）。公猪肉也有类似特征。母猪皮肉层次分明，结合的地方组织疏松，且皮下脂肪较硬，显青白色，不过，也有个别母猪肉皮与皮下脂肪之间的一层薄脂肪呈粉红色（俗称红线）。公、母猪肉肌肉略显暗红色，肌纤维较粗，纹路清晰，断面颗粒大。母猪肉乳头又长又硬，乳头孔很明显。当然，作假者会故意割掉，所以看到没有奶头的腩肉就要特别小心了。还有，母猪排骨弯曲度大、骨头也特别粗、背脊筋骨突出且呈黄色、肉肋骨扁而宽，骨膜白中透黄，骨盆腔比较宽阔。猪蹄粗大且磨成扁平，嘴也比一般的猪要长。

（6）做了以上的辨别后就要判断肉是否新鲜，肉一放到跟前，迎面而来的首先是味道，新鲜肉不会有异味，质量不太好或不新鲜的肉会有一股氨味或酸味。用手触摸，新鲜肉弹性好，指压放开后凹陷很快消失，

而次质变质肉弹性差，指压放开后凹陷消失很慢甚至不能消失；新鲜肉表面干爽不粘手；次质肉外表粘手；新鲜肉切面湿润粘手，变质肉严重粘手，外表极干燥。但要注意的是有些注水严重的肉也完全不粘手，不过会从切口渗水。然后看肉皮有无红点，无红点的是佳品，有红点的很可能是变质肉。再看肌肉；新鲜肉有光泽，红色均匀，次质肉肉色晦暗；新鲜肉的肥肉洁白，次质肉的肥肉缺乏光泽，呈粉红色，变质肉脂肪呈绿色。

4）水产类

水产品大致可分为海产品、河鱼、塘鱼。海产品本来应该是出产在海里的可食用的动植物原材料，当然也包括一些江河入海洄游鱼类，也就是我们常说的海鲜。但是，目前很多市场和餐馆把除塘鱼以外的河鱼

（也有人称作河鲜）也当做海鲜来买卖了。所以，从广义的角度衡量，现在餐馆经营的鱼、虾、蟹、贝壳类水产品都被称之为海鲜。有些餐馆为客人打折都声明海鲜不打折，这海鲜的范围就是如此。

由于水产品类别繁多，我们在此只列举一些餐馆常用的品种。

淡水产品

（1）草鱼。又名鲩鱼，身圆体长，为淡水养殖的四大家鱼之一，家庭、餐馆皆广用之。

（2）鳙鱼。广东又称为大头鱼，鱼头特别大，也是淡水养殖的四大家鱼之一，餐馆多以其头入菜，如"鱼头煲"。

（3）鲢鱼。又称鳊鱼，肉质近似于鳙鱼，为淡水养殖的四大家鱼之一，但腥味较重。

（4）青鱼。体长身圆，是四大家鱼之一，肉厚且多脂，肉质细嫩。

（5）鲫鱼。分布极广，是淡水鱼种产量最高的一种鱼，肉质鲜美细嫩，其品种颇多，有养殖也有野生，诸如广东白鲫、湖南的湘西石鲫、江西彭泽鲫、湖北随县的随州小鲫鱼等。几乎所有经营水产品的餐馆都用其为食材。

（6）鲤鱼。分布于全国，有养殖也有野生，肉质滑嫩、营养丰富，各地均有不同的烹调方法。

（7）鲟鱼。又名鲟龙，生于我国多条江河，现已有养殖，其身体多个部分都可以各自为馔，味道极其鲜美。中华鲟属珍稀鱼类，受国家保护，禁食。

（8）武昌鱼。又称鳊鱼，头小身宽，肉质鲜嫩，但小刺很多。

（9）鲮鱼。分布于南方水系，肉质近似于武昌鱼，可煎、蒸、酿、出肉，餐馆广用之。

（10）鲇鱼。又名鲶鱼，身体光滑无鳞，皮肤黏滑，上下颌有四根须，黑龙江、长江、黄河及珠江流域都有分布。肉质嫩滑鲜美。

（11）骨鱼。分布在珠江上游的西江一带，体内只有一条主骨，肉质细嫩。

（12）白鱼。体形较大，长度可达六十多厘米，分布于长江及长江以北的水域，肉质肥嫩，可单独清蒸，也可起肉。

（13）红眼鱼。也称红眼鲮，中国除高原地区外都有分布。口味近似于草鱼。

（14）嘉鱼。多分布于珠江流域，其特征是腹部黄白色，有一块灰黑色的斑，可清蒸红烧。

（15）鳜鱼。又名桂鱼、桂花鱼，身体黄绿色，有黑色斑点，肉质鲜美细滑，是我国名贵的淡水食用鱼之一，几乎所有烹调鱼类的方法都适用于它，在我国大部分地区都有分布。

（16）罗非鱼。亦称非洲鲫，体形近似鲫鱼，烹调方法也近似鲫鱼，可清蒸可红烧，肉厚且鲜甜。如果是塘养产品，最好在清水中养几天再烹煮。

（17）洄鱼。又称回鱼，多产于湖北境内的长江中段，其特征是无鳞、体长，吻呈锥形，清蒸及煮汤味极甜美。

（18）翘嘴鱼。俗称翘嘴巴（简称翘嘴）、鲌丝、翘嘴鲅，在我国分布较广，长江、黄河、珠江等各大水系都可见，是经济性鱼种之一。

（19）黄鳝。体形似蛇，全身黄褐色，头大眼小，体滑无鳞，大多生长于稻田，全国很多水域均见其踪影，肉质甘美，营养丰富，在餐馆用之极广。有些中高档的餐馆还以其为主要原材料做出很多菜式，成为餐馆的主打产品。

（20）白鳝。亦称白鳗、鳗鱼。体形似蛇，表面无鳞多黏液，背面灰黑色，腹部白色，生活在淡水中，成熟后到海洋产卵。鳗鱼营养丰富，味道甘美，肉厚刺少，很受食客欢迎。

（21）黄骨鱼。又名黄颡鱼，珠江水系和南方的一些湖泊都可以发现其踪影。现在渐渐发展起人工养殖。在广东，黄颡鱼有三种，分别是黄颡鱼、中间黄颡鱼和互氏黄颡鱼。可清蒸也可滚汤，口感清甜鲜嫩。

（22）鸭嘴鱼。原产于美国，嘴长得像一个长长的汤匙，扁平酷似鸭嘴，但比鸭嘴长几倍，鱼身光滑无鳞，呈深灰色，肉质极细嫩，鲜美无比，啖之齿颊留香，刺少肉多，差不多就是一根脊骨，且透明易咬碎。多种烹调手法均适宜。

（23）泥鳅。体形较小，身体灰黑色，有许多黑色小斑点，体表黏液很多。其肉的蛋白质含量比一般鱼类含量都高，能健肾壮阳。在餐馆烹调多用于熬汤。

（24）淡水虾。可分罗氏虾（由泰国缅甸引进，个大肉嫩）、麻虾（又称小虎麻虾，是广州市番禺区黄阁镇小虎、沙仔一带所产的名优水产品，味道极鲜美）、基围虾（又称沙虾、河虾）。

（25）淡水小龙虾。该虾在 20 世纪 30 年代从日本传入我国，脂肪含量低，蛋白质含量高，而且其所含脂肪主要由不饱和脂肪和脂肪酸组成，

易于人体吸收；其蛋白质富含原肌球蛋白和副肌球蛋白，体内的虾黄具有蟹黄的甘香味，肉质营养丰富，尤其所含的钙、磷、铁、锌、碘、硒最为丰富，且含有丰富的维生素 A、维生素 C，具有补肾、壮阳、滋阴、健胃的功能。

（26）太阳鱼。原产于北美，是我国近年引进、养殖成功的淡水养殖新品种。味道细滑可口，现已广为餐馆烹调所用，颇受食客欢迎。

（27）笋壳鱼。南方广有分布，可养殖，也可从东南亚进口，味鲜美，清蒸和滚汤皆可。笋壳鱼的生命力很强，如果有足够的湿度和保持阴凉，离水后仍可存活十多小时，利于运输。

（28）淡水蟹。种类繁多，可分河蟹、江蟹、湖蟹、沟蟹、溪蟹（俗称石蟹）等，比较有名的是阳澄湖大闸蟹、洪泽湖黄蟹、微山湖蟹

等，还有称为大闸蟹的太湖大闸蟹、军山湖大闸蟹、巢湖大闸蟹、牟山湖大闸蟹、固城湖大闸蟹等，当然还有全国各地的无数品种。

（29）田螺。除青藏高原外全国各地皆有分布。可加香料炒吃。

（30）蚬。江河湖泊池塘均有生长，比较有名的是广东新会的黄沙蚬。

海产品

（1）石斑。一种名贵的海鲜，其品种繁多，常见的有二十多种。

①星斑，包括东星斑和西星斑，前者皮薄肉滑，味道极其鲜美，产于东沙群岛；后者产于西沙群岛，与前者相比，肉较实，皮也稍厚，口感稍逊。

②老鼠斑，肉肥厚，味道极为鲜美，价格很高，业界称之为"斑中之王"，可清蒸也可焗炒。

③芝麻斑，身上有芝麻状斑点，肉嫩味鲜，适合清蒸。

④瓜子斑，身形似瓜子状，身上有深蓝色小圆斑点，口感极香滑细嫩。

⑤红斑，鱼身浑圆呈朱红色，上有赤色斑点，产于东海和南海，肉极爽口细嫩。适于多种烹调方法。

⑥金钱斑，又称花头梅，身上有近似钱币的小斑点，啖之有独特的松化的口感，味道鲜甜。

⑦青斑，体形较大，口感和红斑差不多，适于多种烹调方法。

⑧油斑，鱼身上似涂了油，油光闪闪，肉质细嫩、爽口且鲜美，宜清蒸。

⑨鬼头斑，全身布满红斑点，背部有三四颗显眼的较大的圆斑。由于肉质较粗，只适于起肉炒球。

⑩乌丝斑，产于南海，体形中等，肉质细滑幼嫩。

⑪红汀，俗称"黑边鱼"，体形不大，身上相间着浅红与瑰红的条纹，肉质细嫩，味较鲜美。

⑫黄汀，体形小，呈棕色，体侧有六条褐色横带。

（2）鲳鱼。分布于我国沿海，肉厚、刺少、味佳，营养丰富，胆固醇含量低，常吃能减低心血管病的发生率，是天然营养佳品。

（3）鲈鱼。生活在近海，秋末到河海交界处产卵，肉质细滑，味道鲜美。

（4）虾蛄。俗称濑尿虾，又称富贵虾、琵琶虾、螳螂虾等。分布于热带和亚热带近海，甲壳较硬，肉质鲜美。

（5）竹节虾。又名花虾、草虾，个体较大，肉质细嫩洁白、爽口鲜美，乃海产八珍之一。

（6）对虾。也叫明虾、青虾，生长于南海、东海、渤海。个别雌虾体长可达到30厘米，属名贵的海味。

（7）龙虾。分布于世界各地，品种繁多，据说有400多个品种。中国龙虾产于南海，体大肉多，所含营养成分也极其丰富。可适用于多种烹调方法，也可作刺身，极受中高档消费者欢迎。

（8）红虾。体长5~6厘米，身上有棕红色斑纹，口感滑嫩，产于中国的渤海、黄海、东海。

（9）毛虾。体长仅3~4厘米，只限于在中国沿海出产，肉质肥腴。

（10）左口鱼。生活于浅海底，肉滑且细，可用于清蒸。

（11）多宝鱼。又称蝴蝶鱼，原产于欧洲大西洋海域，后引进养殖。味鲜肉滑，可清蒸，也可模仿西厨做法，做成多宝鱼扒。

（12）加吉鱼。又名铜盆鱼，体长50厘米以上，肉色白细嫩、味鲜无比，产于山东沿海，乃名贵的食用鱼。

（13）石头鱼。又名老虎鱼，乍看简直就是水底的一块石头。肉质鲜嫩，肥而不腻，营养丰富，可清蒸、滚汤或干烧。

（14）鲨鱼。据说有300多种，有些餐馆为了迎合消费者的猎奇心理，也用鲨鱼做烹调的原材料，但鲨鱼肉宜长时间加热处理，如煮、炖、焖等。

（15）鲅鱼。也称马鲛，我国东海和渤海均有出产，身形很大，可达20公斤，肉质细腻嫩滑，味道颇佳。起肉做各种烹调在大连一带比较

有名。

（16）刀鱼。又名带鱼，属洄游鱼类，春季的刀鱼肉质细嫩，肥而不腻，含丰富蛋白质，但过了清明后肉质会变老。

（17）秋刀鱼。属洄游鱼类，含丰富蛋白质和脂肪，味道鲜美，适于各种烹调方法。

（18）鱿鱼。严格来说，鱿鱼非鱼，只是生活在海洋的软体动物，主要产于南方海域。富含蛋白质和钙、磷、铁等，并含有十分丰富的微量元素。

（19）墨鱼。又名乌贼、墨斗鱼，亦非鱼类，乃生活在海洋的软体动物，口感爽脆，味道鲜甜，属我国著名的海产品，在我国沿海不同地域有不同的生产旺季。

（20）章鱼。又名八爪鱼，并非鱼类，是生活在海洋的软体动物。

肉肥厚鲜脆，烧烤爆炒非常可口。

（21）鲱鱼。是世界上产量最大的洄游鱼，富含油脂，肉质肥美鲜香，红烧烟熏都是很合适的烹调方式。

（22）银鳕鱼。属进口鱼类，肉质含大量脂肪，口感极其甘美，适于清蒸。

（23）三文鱼。产于加拿大，肉多用于刺身，头和骨腩多用于红烧、熬汤。

（24）金枪鱼。又名吞拿鱼，冰鲜的保鲜期只有 12 天，最高也就 14 天，决不能超过这期限，否则就会变质。以刺身方式食用效果很佳，据说食用金枪鱼有降低胆固醇、防止动脉硬化等多种功效。

（25）黄花鱼。又名黄鱼，分大黄鱼和小黄鱼，与墨鱼、带鱼一起被称为我国四大经济鱼类，黄花鱼的肉很特别，呈一瓣一瓣的，甘香鲜嫩，耐人寻味。大黄花鱼肉质稍粗一点，小黄花鱼细腻嫩滑，烹调方法多种多样，深受消费者喜爱。

（26）多春鱼。又名毛鳞鱼，南方人把鱼子叫做春，这鱼肚子里一年到头都有鱼子，所以得名，营养价值非常高，多用以煎、炸或椒盐焗，香味扑鼻，是一流的下酒菜。

（27）老虎蟹。又称贵妃蟹，多产于澳洲和菲律宾，中国也有少量出产。肉厚且鲜美，颜色金黄，蟹盖纹理及颜色似虎皮纹。

（28）青蟹。雄蟹又称肉蟹，肉质丰腴肥厚爽滑，特别是在农历九月以后；雌蟹又称膏蟹，膏黄饱满，肉质甘美。

（29）梭子蟹。俗称白蟹，又称飞蟹，我国沿海地带都有出产，雄

性壳青色，脐尖且光滑，鳌又长又大；雌性脐圆有绒毛，壳赭色，肉肥味美，有较高的营养价值，购回后可以海水暂养增肥。

（30）红蟹。壳见暗红或浅红，产于粤东粤西一带沿海，海陆两栖，肉质丰腴，味甚可口。

（31）花蟹。又叫远洋梭子蟹，价钱不贵，但肉质白嫩鲜甜，个越大越好吃。现在已经能够人工养殖。

（33）椰子蟹。产于我国海南和台湾岛沿海，常爬上椰子树吃椰子，腿肉结实可口。

（34）琵琶蟹。又名旭蟹，全身红色，其行走有别于一般螃蟹，是直行的，分布于我国台湾和海南岛近海，可椒盐、白灼、清蒸或上汤焗，肉质香滑。

（35）海带。含丰富的碘、钾，既可拌凉，又可做汤。

（36）鲍鱼。海洋中的单壳软体动物，只有半面外壳，肉质极鲜美，属珍贵海产品，素有海味之冠的美誉。鲍鱼的等级按"头"数计，看每

约655克中多少头。有2头、3头、5头、10头、20头不等，"头"数越少价钱越贵。市场上分干鲍和鲜鲍，鲜鲍以五月份出产的最肥美。我国常见的有辽宁山东一带的盘大鲍，台湾、海南等地出产的耳鲍，广东、福建沿海的杂包鲍（又称"九孔鲍"）等7～8种，据说全世界有鲍鱼90多种。世界上比较有名的鲍鱼的种类还有日本的吉品鲍、网鲍、禾麻（窝麻）鲍等，此三种鲍鱼有鲍中之王的美称。

（37）生蚝。属蛤类，又名蛎黄、牡蛎，我国广有分布，可生吃，也可做碳烤生蚝，亦可加工制成蚝豉或蛎干，颇受消费者欢迎。

（38）带子。属贝类，珍贵海产品，可鲜吃，也可吃干品，干品又名瑶柱。带子营养极丰富，口感较特别，软中带韧，颇有弹性，带子乃宴席上的上品。澳洲的带子最有名，但价贵，国产的较便宜。

（39）扇贝。渤海一带产的扇贝最有名。扇贝壳多姿多彩，肋纹整齐，颇有可观赏性。扇贝口感滑嫩，味道鲜美，是海产珍品。现在已有人工养殖。

（40）北极贝。由于北极贝缓慢地生长在五六十米深的海底，据说要耗时十二年，而且生长环境异常干净，所以味道特别清甜，可制作刺身，也可做火锅的原料，很多种烹调方法都适合。

（41）象拔蚌。个体大、肉肥厚鲜美，价格不菲，主要食其虹管，据说还有壮阳功能，可制作刺身，也可红烧等。

（42）海蚌。贝类，又名贵妃蚌，含丰富的优质蛋白质和氨基酸，口感极佳，软中带脆，嫩滑甘美，是筵席之珍品。福建的名菜"鸡汤氽海蚌"远近驰名。海蚌产于太平洋西部、日本以及我国沿海，福建的漳港蚌资源量较大，质量最佳。

（43）青口。又叫青口贝、翡翠贻贝，也有人称之为海红，干品为"淡菜"，其壳面光滑翠绿，生长纹很细密。壳内面显白色，有珍珠光泽，产于广东福建沿海。它是贻贝类海产品中滋味最鲜嫩的一种。

（44）毛蚶。俗称蚶子、毛蛤、麻蛤，分布于我国沿海，淡水河出海处最多见。如果烹调火候刚到，十分美味，但一过火就风味尽失。毛蚶含丰富的维生素 B_{12}，但也会传染肝炎。

（45）薄壳。贝类，壳极薄，味道很鲜，口感特滑，分布于近海，常成片粘连生长在一起，现潮汕地区已经开始养殖。

（46）香螺。大型贝类，体形较长，颜色为棕色，有些呈肉色，螺肉呈灰白色，亦被广称为海螺。肉质带一股特有的香味，其腹足称海螺

头，洁白，嫩滑而爽脆，熬汤极为鲜甜。

（47）响螺。又称长辛螺，分布于我国东海、南海一带，体形较大，长可达 18～19 厘米，螺壳略呈黄褐色，肉质爽口脆嫩，也较鲜甜，可切片炒灼，也可熬汤，亦可制成干品。

（48）玉螺。又分方斑玉螺、扁玉螺、星光玉螺等。我国沿海地区都有分布，肉质细嫩香滑。

（49）红螺。又称海螺，体长中等，10 厘米左右，我国东海、南海有分布，肉质爽滑鲜嫩，起片烹调，有多种制作方法。

（50）瓜螺。分布于我国东南沿海，个体较大，有 15～16 厘米长，肉肥味美，起片烹调，可汤可炒。

5）蔬菜及粮油类

蔬菜和粮油也是餐馆每天都要大量消耗的原材料，品种多，等级多，不同的季节有不同的品种及不同的品质。就是同一品种，质量也会因不同产地而相差甚远。

叶茎根类蔬菜

（1）菠菜。叶色深绿，根呈鲜红色，秋后甜味渐浓，在我国分布很广。

（2）生菜。翠绿色，立秋以后口感最好，分布于广东东南部，广东地区食用比较多。

（3）蕹菜。又名通心菜，分布于长江以南，盛产在春天和初夏，这也是其最好吃的时段。

（4）苋菜。生长于南方，有绿苋菜和红苋菜之分，茂盛于春季，可

炒可灼。每年的 5～6 月份为最佳食用期。叶片厚、皱的说明菜有点老了，叶片薄而平的就嫩；手感软的嫩，手感硬的则老。

（5）芥菜。餐饮企业常用到的为叶用芥菜和茎用芥菜，茎叶爽、脆、嫩，清甜中带有微微的甘苦味，可清炒、凉拌、滚汤、涮火锅。有清热祛湿的药用功效。

（6）芹菜。分布很广，有水芹和旱芹之分，也有本芹（我国芹菜）、西芹之分，取食其肥嫩、鲜脆之叶柄，有降压养血等多种食疗功效。颜色青绿，鲜脆欲滴者质量为优。

（7）香菜。又名芫荽、芫茜、香荽，各地都有栽培。用以增加菜肴的香气，以质地幼嫩、颜色脆青、香气清新、无黄叶者为佳。

（8）小白菜。又称油白菜、普通白菜，一年到头都有种植、收获，可煲汤、滚汤、炒或灼，营养丰富。

（9）大白菜。又叫黄芽白、绍菜，初冬收获，因为产量大，收获季节会比较便宜，适合采购储存。

（10）卷心菜。也叫包心菜、椰菜，是甘蓝的一种，属皱叶甘蓝，可炒可做沙拉，应选购坚硬结实、感觉很有分量、外表绿色且闪着油光的那种，避免购买有虫口、叶色发黄、开裂的卷心菜。

（11）油菜。分布于长江流域以及西北、华北、内蒙古，它不是单一品种，不同地区的产品有不同的形态。主要分白菜型油菜、芥菜型油菜和甘蓝型油菜三个类型，而各类型又有很多品种，为广泛食用菜，取柔嫩者购买。

（12）菜心。主要分布于两广、香港、澳门、台湾等地，柔嫩清淡，

入秋后的菜心口感更佳。在两广地区的餐馆销量十分大。应选购嫩绿，没有起白心、老叶者。

（13）莙荙菜。又名牛皮菜、猪姆菜，口感较粗，宜加香配料爆炒。宜选购粗壮青绿者。

（14）韭菜。又名懒人菜、壮阳草，分布广泛，食用也广泛，可炒可做饺子馅料。按韭菜叶片宽窄来分，有宽叶韭和窄叶韭。宽叶韭卖相似乎好一点，但香味清淡；窄叶韭卖相差一些，但啖之香味浓郁。购买时要看韭菜的切口，切口平说明刚割下不久，还比较新鲜；切口不齐，说明割下已经有一些时间了，就不一定新鲜了。

（15）韭黄。用盖把韭菜封住不让其见光，就可以培植出韭黄。韭黄配虾仁炒蛋非常美味，叶子粗壮色泽油润者为优。

（16）小葱。又名四季葱、香葱，厨房常用的调味料和配料，还可用于装饰、点缀菜肴的卖相。分布十分广，在我国的南北方都有出产。

（17）大葱。大葱的品种很多，多出产于北方，辽宁、山东、陕西、北京等都有自己比较有名的品牌。总的来说，大葱分四大类型，分别是分葱、楼葱、胡葱和普通大葱。

（18）蕨菜。俗称蕨薹，又名如意菜、龙头菜、猫爪子菜，东北、皖南等地有产，山上野菜的一种。

（19）芥蓝。产于我国南方，也是这地区的常食用菜。主要食用其主茎和花，口感甚鲜脆、清甜，多用于炒食。

（20）菜花。也叫椰菜花，可食部分为洁白、肥嫩的花蕾、花枝、花轴等组合而成的花球，品质脆嫩，口感甘甜，营养丰富。采购时注意

花球的成熟度，以花球紧聚不松散者为好；还要注意花球的洁白度，以洁白微黄、无异味者为佳。

（21）西兰花。又名绿花菜、绿菜花，可食部分为绿色幼嫩的花蕾和花茎，脆嫩爽口，嚼之甘甜，营养成分均高于同类蔬菜，有"蔬菜皇冠"的美称。可热炒、凉拌，堪称蔬菜中之精品。

（22）紫甘蓝。近似于卷心菜，但叶球呈紫红色，其口感也近似于卷心菜，可炒可做沙拉，因为其色彩艳丽，会为食用者增添情趣。

（23）莴苣。又称莴笋、香笋，我国各地广有栽培。莴笋肉质脆嫩，营养十分丰富，茎可生食、凉拌、炒食、干制或腌制。叶色翠绿、茎粗壮但不老者为好。

（24）豆苗。又名豌豆藤，可食部分为豌豆的嫩茎和嫩叶，含丰富钙质和胡萝卜素，可炒可滚汤。选购时注意豆苗的颜色，应该是嫩绿新鲜，质地柔软但不蔫。

（25）芦笋。又名露笋、芦尖，食用部位是其幼嫩的茎，在春天抽出的茎，嫩且肥大，顶芽似毛笔状，出土前采收的色白肉嫩，称为白芦笋；幼茎出土后呈绿色，称为绿芦。

（26）胡萝卜。又称甘笋、红萝卜，含丰富胡萝卜素，采购时应注意其新鲜度，新鲜胡萝卜皮平滑而无污斑、皱巴，个体要饱满，橘黄色且有光泽显示胡萝卜素含量高。

（27）牛蒡。也叫牛蒡子、东洋参、牛鞭菜，在我国分布很广，以肥大肉质根供食用，适于各种形式的烹调。

（28）球茎甘蓝。俗称芥蓝头，可食部分为其根茎，味鲜脆，多用

于炒吃，也可鲜吃。

（29）土豆。即马铃薯，又称薯仔、山药蛋，在我国分布甚广，餐馆也广为运用，可炸可焖可炒，咖喱薯仔是广受欢迎的菜式。采购时注意其新鲜度，表皮应光滑有亮泽，特别不能有长芽，个体应该很饱满。

（30）鲜淮山。也叫怀山药、山药，条根状，含丰富淀粉和蛋白质，有壮阳健脾的食疗功效，可焖可熬汤。采购时注意其一定不能有黑心。

（31）芋头。块根状，分布于我国华南地区。芋头扣肉、芋头焖鸭是家喻户晓的美味佳肴，芋头中的上品是槟榔芋，口感既粉又滑又甘香。餐馆用的芋头多半是槟榔芋，购买时要选择结实且没有斑点的芋头。可要求卖家随机抽取芋头切半，断面有大量的紫蓝色斑纹的就是槟榔芋，

无疑了，其他芋头品种没有这样的特征。

（32）番薯。也称红薯、地瓜，营养丰富，是有名的健康食品。一些餐馆已经开发出一些用番薯做原材料的点心，比如奶油番薯，甚为可口。采购时一定要闻一闻有没有沙虱的味道。

（33）凉薯。分布于我国南部，又称沙葛、豆薯，块根状，个体肥大，肉洁白，脆嫩多汁，皮用手就可以撕下，糖分和蛋白质比较多，含丰富的维生素 C，可生食，可做饺子馅，也可炒吃。

（34）粉葛。又叫做葛根、干葛、甘葛，条根状，与鲤鱼、鲮鱼熬汤有祛湿下火的食疗功效。采购时注意不要有烂口，皮要新鲜。

（35）生姜。块根茎，扁平状，丰腴饱满，辛辣味中带着芳香，有嫩生姜与老生姜之分，做酱菜或直接食用都用嫩姜，如药用多找老姜。在烹饪中，用以祛腥膻和增加食品的鲜味和刺激性。广东地区猪脚姜醋

很有名，酸中带甜，并伴随着猪脚的甘美。

（36）荸荠。又称马蹄，我国长江以南广有分布，皮紫黑，肉色洁白，多汁味甜，清脆爽口，可以生吃，也可以与肉类共煮，如焖羊肉的时候就适宜放进马蹄以祛臊味。皮色发亮、个大饱满者为优。

瓜果豆类蔬菜

（1）黄瓜。分布于我国广泛地区，一年四季均有产出，可做冷菜，也可作热菜，还可用于腌、泡、渍、酱。黄瓜可分三种：皮稍光滑的；个体较大，带白刺的；个小一点，带绿色的小刺。选购黄瓜应挑新鲜的，新鲜才会脆嫩、清甜。

（2）冬瓜。夏秋的重要蔬菜品种，炎夏时用冬瓜烹制的菜肴会很好销。选购冬瓜应该挑老的瓜，瓜体要结实，表面有一层白霜。如果是制作冬瓜盅，那就要定点采购一些体形小一点的冬瓜了。

（3）丝瓜。丝瓜的外表很特别——有棱，可滚汤可炒，味道清甜，口感滑腻。采购时要注意瓜体要嫩，瓜身柔软方为嫩。

（4）节瓜。又名毛瓜，深绿色，表皮上长满绒毛，嫩瓜肉质软滑、清甜，老瓜和嫩瓜均可炒、煮或滚汤，但嫩瓜更佳。如果要储存一些时间，老瓜就比较合适。节瓜性平，不偏寒也不偏热，很受消费者喜爱。

（5）苦瓜。也叫凉瓜，全国各地都有生产，主要产于广西、广东、云南、福建等地。可鲜用也可晒干用。味道甘苦，可以制出多种菜肴。根据苦瓜表面一粒一粒的果瘤，可以判断出苦瓜的好坏。颗粒大且饱满者，瓜肉就厚；颗粒小，瓜肉就较薄。采购时还要挑浅青色的，如果苦瓜表皮发黄，就说明其已经过熟，果肉变得软蔫不够脆了。

（6）南瓜。又名番瓜、麦瓜、倭瓜、金瓜，据说南瓜营养丰富，属健康食品，有不可低估的食疗作用。一年四季都有出产。采购以老瓜为好，耐储存。

（7）白瓜。皮呈浅青色，口感爽脆清甜，可炒可腌渍，是夏日消暑解热的好食品，瓜皮光滑无受损、柔软嫩身者为好。

（8）葫芦瓜。亦称葫芦，口感脆爽，一定要选购嫩瓜才能食用。

（9）佛手瓜。又称梨瓜、合掌瓜、福寿瓜，分布于广东、福建、浙江、广西、云南、贵州等地，按外表颜色可分为白皮种和绿皮种，肉质细嫩爽脆。秋末上市，耐储存，应选购果皮表面纵沟较浅、呈鲜绿色、细嫩、未硬化的幼果，果肩部位需显光泽。

（10）匏瓜。属于葫芦类，味甘甜，富含蛋白质、糖类及多种维生素，也含钙、磷、铁等营养成分。可清炒或煮汤，脆嫩爽口；也可刨丝

晾干存放，上碟前用开水泡软再加糖和酱油拌一下，也别有风味。采购时要挑外表有细绒毛、瓜皮细嫩不粗糙的。

（11）笋瓜。长江流域一带多出产，可分白皮、黄皮及花皮几种，个体差异很大，因此又分为大笋瓜和小笋瓜。瓜表面平滑，适于炒吃。要挑嫩的买。

（12）茄子。又称矮瓜、昆仑瓜，分布很广，我国南方都有生产，但主要产区在广东。荤素皆宜，适于多种烹调法，既可炒、烧、蒸、煮，也可油炸、凉拌。茄子以果形均匀圆润、紫红，颜色鲜艳，有光泽，成熟偏嫩，无裂口、无腐烂、无锈皮和斑点，茄身柔软的为上品。如果茄身发硬就说明茄子老了。判断茄子老嫩还有一个方法，茄子的萼片与果实连接的地方，有一白色的条状，条越宽茄子就越老。如果只有很窄的一点点甚至没有，那就是嫩的。

（13）番茄。又名西红柿，分布很广，营养十分丰富，可生吃也可熟食。选购时一般以果形周正、无歪斜、无裂口、无虫口、比较成熟、果肉丰腴者为佳品。

（14）辣椒。广有种植，品种很多，一般辣的呈长圆锥形，成熟时从青色变为朱红色，有一种是朝天椒，很辣，还有一种是灯笼椒，因为它形状似灯笼，由于它不辣，又叫果椒。果椒颜色多样，可炒吃，味道鲜甜。采购辣椒应挑外表光滑有光泽、饱满的个体。

（15）豌豆。也叫荷兰豆，我国各地都有种植，以鲜嫩的豆荚、豆粒、豆苗入菜，可炒吃、煮吃。采购时可按烹饪方法分别挑选产品及其老嫩的程度。

（16）豆角。分青豆和白豆，青豆深绿色，清脆爽口；白豆浅青色，甘香柔软，各有风味，可单炒也可伴各种肉类合炒，亦可腌、渍、泡、酱做成小菜。购买时一定要挑嫩的。

（17）毛豆。其实就是新鲜连荚的嫩黄豆粒，又称菜用大豆，可制"盐水毛豆"，也可剥下豆粒制作各种菜肴。应挑选嫩绿色、豆荚饱满的购买。

（18）扁豆。又叫南豆、小刀豆、茶豆，上市期为每年八九月份，营养很丰富，有除湿的食疗功效，但要先泡水一段时间才好烹调，购买以嫩绿的为佳。

（19）四季豆。又名芸豆、菜豆、刀豆，我国南北都有栽种，餐桌上常有出现。一定要挑嫩身的采购，嫩身的豆荚嫩青色，很容易就能掰断。

粮食

我国的粮食主要是大米和小麦。小麦是以面粉的形式供食用的。

（1）大米可分三类，籼米、粳米、糯米。

籼米是用籼型非糯性稻谷制成的米，米粒呈长椭圆形或细长，按其质地和收获季节分为腹白较大、硬质颗粒较少的早籼米和腹白较小、硬质颗粒较多的晚籼米。

粳米是用粳型非糯性稻谷制成的米，米粒呈椭圆形，按其质地和收获季节分为腹白较大、硬质颗粒较少的早粳米和腹白较小、硬质颗粒较多的晚粳米。

糯米是用糯性稻谷制成的米，按其粒形分为以下两种：①籼糯米：用籼型糯性稻谷制成的米，米粒呈长椭圆形或细长形；②粳糯米：用粳型糯性稻谷制成的米，米粒呈椭圆形。

我国目前部分优质品牌的大米有：江苏无锡的隆元、太湖明珠、锡苑，东北的五常大米、响水大米、蛟河大米、盘锦大米、美裕大米等，黄河大米，泰国香米，鱼台大米。中国名牌、国家免检产品有：北大荒、金健、五常、金佳、玉珠、金苗、梧桐、粮丰、白湖等。

（2）我国十大小麦面粉的品牌分别是古船面粉、湖雪面粉、五得利面粉、河套面粉、金像面粉、皖王面粉、苏三零面粉、天山面粉、雪健面粉、三一面粉。

食用油

我国十大食用油品牌是：金龙鱼、鲁花、香满园/胡姬花、海狮、盛州、鹰唛、红蜻蜓、刀唛/红灯、多力、福临门。此外，还有很多的地方名牌。

干货类

干货本来指用风干、晾晒的方法去除了水分的调味料和食品。因为

干货的种类繁多，本书只挑选一些常用的品种作简要介绍。

（1）黑木耳。真木耳一般质地较轻，通常要求其含水量在 11% 以下。可取少许黑木耳用手捏，如果质脆易碎，说明含水量少；如果用手捏有韧性，松手后耳瓣伸展缓慢，感到分量重，说明含水量多。真木耳应清淡无味，取少许黑木耳入口略嚼，感觉纯正无异味，并有清香气；如果有异味，则为掺假品。假木耳皆有掺假物的味道：用明矾水泡过的有涩味，用盐水泡过的有咸味，用糖水拌过的有甜味，用碱水泡过的有碱味。

（2）黄花菜。质量好的黄花菜应该是浅黄色或金黄色，有一股清香，菜身粗壮结实，用手抓捏成团，感觉柔软并有弹性，松手后很快就能展开。

（3）银耳。普通银耳白色中略带米黄，肉略薄，整朵，圆形伞盖直径在 1.3 厘米以上，无蒂头，无杂质。优质银耳颜色洁白，肉厚朵整，直径 3 厘米以上，干燥，无蒂头，无杂质。较差银耳明显米黄色，不够干燥，肉薄，有斑点，带蒂头，有杂质，朵形不正，直径 1.3 厘米以下。银耳的本色应该是普通的白色，根部淡黄，味道表现为无味或略带土腥味；而用二氧化硫熏制的银耳却是黄白异常分明，看上去是雪白和特黄的对比，味道表现为刺激性气味

（4）香菇。按目前的习惯，香菇分为花菇、冬菇及香信。花菇是菌中之最，其顶面淡黑色或深褐色，并有一道道淡黄色裂纹，菇底也呈淡黄色。花菇肉厚、滑嫩、鲜美，食之香味在口中萦绕。冬菇的口感稍次于花菇，顶面黑色无裂纹，菇底也是淡黄色，肉比较厚，食之也很鲜美；香信是挑选花菇、冬菇后的余料，肉较薄，口感和香味比花菇、冬菇差。

但作肉类的配菜也美味可口，且价格便宜，比较实惠。有些不法商贩在新鲜冬菇顶面上用小刀划出一些裂痕，干了之后就用来冒充花菇出售，这是需要小心辨认的。

（5）笋干。就是竹笋干，颜色淡黄，有光泽、有竹香味，肉厚，根细小，节密，纹细，片阔，折之即断为嫩身，只要无虫蛀和没有霉烂味就不会有大问题。

（6）黄金菇。又名金顶蘑，色泽金黄，集生一起就好像一朵金黄色的花，所以又有"真菌之花"的美称。口感香甜滑腻，是菇中珍品。

（7）元贝。又称瑶柱，挑选元贝时要留意其产地，据说日本出产的元贝比较有鲜味，口感最佳。元贝的价格与其个头成正比，日本产大元贝每千克在220～400元不等，小的也要差不多180元/千克；而大连产的每千克只需90元左右。此外，还要留意其颜色，表面呈金黄色，掰开来看，里面也是金黄或略呈棕色的才是新鲜的标志；如表面有一层薄薄的白粉状，则是风干多时的了，这样的元贝味道就差远了，买元贝最好挑表面完整的，且个头越大越好，最好的要数特大元贝。

（8）蚝豉。就是晒干了的蚝，有生晒和干晒之分。生晒的蚝豉味道最鲜美，因其比较饱满，故又称"猪蚝"。所谓"干晒"，就是榨油（蚝油）后的蚝豉，颜色稍深，鲜味稍差。选购蚝豉时，要看其颜色，青色或棕色之中又带些许青色便是好货。此外，还需看蚝豉的边是否完整，太零碎了就不好。

（9）虾干。小的虾干叫"虾米"，也叫海米。虾干品种多样，有原只生晒而成的，有净肉的大虾干，还有海虾干、河虾干等。

（10）花胶。即鱼肚，是各类鱼鳔的干制品，以富有胶质而著名，其别名为花胶。市场上的花胶一般有如下品种：体形较大的广肚、形似荷包特别爽脆的鸭泡肚、分雌雄的扎肚等。

（11）干鲍。干鲍又分淡干鲍和咸干鲍，选择干鲍鱼时以个头大小均匀、肉质厚实、表面洁净、体干坚硬、无异味者为佳。国外最好的要数日本干鲍，然后是南非干鲍。

（12）辽参。即大连海参，可做成干品。

（13）燕窝。燕窝是海鸟金丝燕的窝，而不是我们平常所见到的燕子的窝。采购首先要知道燕窝的种类，燕窝有天然的洞燕、人工饲养的屋燕和加工燕三大类。要特别警惕用海藻制成的人造燕窝和用淀粉制成的假燕窝。这些假冒品仿真度极高，因此要懂得鉴别真假，真燕窝呈丝状结构，如是块状结构多半是假货；真燕窝呈半透明状，不可能完全透明；还可取一点用水浸泡，松软后捞出丝条拉扯，假货一拉就断，用手指能揉搓成糨糊状的也是假货；真燕窝有淡淡的香味，若气味异样且浓烈，甚至还带有鱼腥味或油腻味道的几乎就可以断定是假货；此外，用火点燃，若有剧烈声响且火星飞溅的也很可能是假货。辨别真假后就要判断质量，一要挑干净的，细毛越少越好；二要挑干爽的；三要挑呈盏形的；四要挑两端之头脚细的。

除了以上的干货，属于水产品的干货大致还有：鱿鱼干、墨鱼干、鱼翅、海马、紫菜、虾干、鱿鱼丝、淡菜、蚝干、虾皮、河豚干、海参、鲨鱼干、银鱼干、干海螺片、干海螺头、鲨鱼骨、鱼唇、柴鱼干、蛤蜊干、沙虫干、公鱼干、白饭鱼干、章鱼干、海蜇皮、乌鱼子、鱼裙、蛏

干、蚶子干、乌鱼蛋、燕菜、海带干、鳄鱼肉干等。

属于水产品以外的干货有：桂圆、荔枝干、豆腐皮、花生米、枣类、核桃、莲子、粉丝、猴头菇、白菜干、蕨菜干、冬瓜干、腐竹、松子、白果（银杏）、云耳、雪耳、金针菜、松子、栗子。

2. 出品部原材料选购要旨

1）调料

市场上的调料鱼龙混杂，有大厂名牌的，有"山寨"厂冒充大厂名牌的，也不排除有一些小作坊生产的低价劣质产品流向近郊餐馆。请不要忽视了调料在烹调中的作用。比如蒸鱼，蒸的功夫都到家还不够，还必须有好的调料来提味，若用了低品质或者没有调好的调料，一切都会前功尽弃。因此，餐馆所采购调料的质量对烹调的质量极其重要。选购好的调料要注意以下几点：

（1）选择大厂名牌，这使质量有了比较大的保证。千万不能贪图便宜去买"山寨"厂的产品。"山寨"厂的产品不但有质量问题，还存在食品的安全问题。要注意辨别假冒产品，最好是通过可靠的经销商或者直接与厂商挂钩。

（2）买瓶装的比散装的好，大厂的产品也有瓶装和散装的分别，一般瓶装的质量比较好一些。为防假冒，要看清楚瓶子上的标签的印制质量以及内容。真品必然印刷精美，字迹清晰，并附有生产单位以及地址和电话，还有卫生许可证编号、生产许可证编号、配料成分、产品标准号、等级标号、生产日期和保质期说明等。

（3）选购调料还要尊重厨师的意见，因为每个厨师都有自己用习惯

了的调料，一些经验丰富的厨师还能用他熟悉的调料调配出一些很有特殊风味的新调料，为餐馆的产品增添魅力。

2）家禽

认识了家禽基本的采购项目后，采购人员还必须掌握一些采购上的技巧。

（1）看家禽首先要看眼睛，一般活禽眼睛有神，灵活，头颈挺直，神情活泼，反应灵敏，羽毛丰密而油润有光泽。比如，生命力旺盛的鸡，冠与肉髯色泽鲜红，冠挺直，肉髯柔软，两翅紧贴身体。如果老是闭着眼睛，焉着脑袋，那很可能就是有病了。

（2）爪壮有力，不停地走动，行动自如。病鸡则羽毛蓬乱，委靡不振，两翅蓬松下垂；冠与肉髯多显紫红色或发黑；用手摸其胸肌和嗉囊，感觉膨胀有气体或积食成块、发硬；行动无力，站立不稳。健康的禽类宰杀后，皮肤呈淡黄色或黄色，表面干燥，有光泽，而病禽则表皮粗糙，暗淡无光，皮肤呈淤红色，甚至有青紫色斑块。

（3）根据不同的烹调方法和客人的要求，采购家禽要辨别老嫩。比如，老鸡的爪尖磨损较厉害，脚掌皮厚且发硬，脚腕间的凸出物比较长；嫩鸡的爪尖磨损不大，脚掌皮薄稍软，脚腕间凸出物比较短。

（4）烹调有时也要用到冷冻禽肉，因此也必须懂得分辨其好坏。新鲜的冻禽肉，表皮油黄，其眼球有光泽，肛门处不显黑不发臭；变质的冻禽肉，解冻后皮肤显灰白、紫黑或暗黄，有黏滑感，眼球混浊或眼睛紧闭，有臭味。

（5）由于现在已经不允许在餐馆内宰杀家禽，因此采购人员一定要

多到供货商的场地观察其活禽的状态，对货源做更深层次的了解，要仔细认真地验收送达的已经宰杀好的禽肉。

（6）一定要预先做好数量计划，宁少勿多，宁愿不够再临时追加，也不要多出来堆在库里。

3）海产品

海产品是很多餐馆的一个重要经营品种，因此，它也是采购中的一个重要项目。各种海鲜的原材料价格相差甚远，有很多品种，例如，鲍鱼、石斑鱼、鱼翅等的价格都非常贵，控制采购成本是极其重要的事情。很多中小餐馆的老板都亲自到市场上去采购，或者亲自选择供应商，亲自参加验收。市场上商贩鱼龙混杂，虽有很多诚信商人，但诡谲奸诈之人也为数不少。所以，中小餐馆采购中的一个很重要的事项就是学会与市场里的人和物打交道，怎么"火眼金睛"地识破奸商们的把戏，怎样

洞察貌似新鲜的商品中的假象。

学会与海鲜供应商打交道

（1）不要轻易相信海鲜市场里的任何商贩，不管是初次相识还是打过几次交道，也不要管他把自己的经商态度表白得如何真诚。这些都是整天在市场里摸爬滚打的人，所有骗人的伎俩他们都见过，都懂得运用，能使你心甘情愿地拿出你口袋里的钱买他们的货是他们的唯一目的，而不管这些货是好还是坏，是假还是真，也不管是用什么手段。当他们热情地为你介绍哪些品种好，哪些值得买的时候你要特别小心，当他们主动提出为你送货并可以赊账多久多久时，并不是因为像他所说的那样想交你这个朋友，给足你面子，而是看中你的酒楼生意好，要货量大并且稳定，当有一点风吹草动时，他们就很可能会撕破脸皮纠集起来到你的餐馆要账而不管按合同的规定还未到还款的时候。所以，在采购时一定不要只听他们说，不必太在意他们的满脸诚恳，而首先要浏览整个市场的行情，极其认真地掂量货的真假和质量，要斤斤计较地讨价还价，要火眼金睛地观察称量，不要轻易就把钱掏出来。钱一旦到了他们的手上就基本是无可挽回的了。当刚开始认识一个供货商拿到比较优惠的价格后，不要天真地以为日后他们给你的报价仍然会如此优惠而忽略了对市场与时俱进的调查。当第一、二次送货都是货真价实的时候，千万不要放松警惕，以为以后都会这样。

（2）要透过商品的卖相看质量。谁都知道销售很讲究商品的卖相，海鲜商贩们很懂得在卖相上做文章，以次充好、以假充真地把他的一些残次商品和假冒商品推销出去。比如，他们可以把死了的蟹倒着放，让

它肚皮朝上，让你不容易察觉；可以把冰鲜鱼放在冰水里泡上一段时间让它亮光闪闪；可以用鲤鱼血或鲢鱼血往小嘴鱼身上涂一点，让它看起来很新鲜的样子；可以把商品摆放在颇有反光效果的白钢盘里，提高它的光亮度，吸引采购员的眼球。他们甚至会当面扯谎，大块广告牌打出来，并满脸真诚地把本地蟹说成是阳澄湖或太湖大闸蟹。

（3）提防商贩在称量上搞小动作，神不知鬼不觉地让你上当。比如，早上一开市，那些奸诈的商贩就会在大黑色胶袋里注水；在海鲜缸里加进淡水，让海参吸饱水；有时还会在名贵冰鲜肚子里塞进冰块甚至价钱低贱的小鱼。在过秤的时候要很注意地观察秤盘会不会叠着两个，这是那些诡谲的档主们惯用的伎俩。过秤后，最好是到公称处检验一下，如果发现不对，马上回买处讨要，小贩怕受罚，一般会立即还你斤两。这样做也等于警告他以后不能再骗斤少两。

（4）在称量、装袋的时候，不管小贩对你说什么，叫你看什么，你都要保持十二分的警惕，视线一定不可以离开你的商品，否则，他们很有可能在你眼皮底下调包而你却毫无察觉。

（5）要求经销商出示检验合格证。

学会与商品打交道

眼下，大中型的餐馆很少没有以海鲜做菜肴的。新鲜海鲜是一种有生命的商品，其价值在生猛，冰冻海鲜的价值在新鲜，因此，尽快、尽多地掌握海鲜的有关知识，对于一个采购员来说至关重要。

（1）总的原则。有些采购员根据自己的经验总结出采购冰鲜的"三动原则"，即动眼、动手、动鼻。这是经验之谈，很值得借鉴。动眼就是用眼睛细看，比如仔细看看鱼眼，如果眼睛透明，不显混浊，那就说明该鱼还比较新鲜。然后再看看鱼鳃，新鲜的话鱼鳃贴得很紧，不会用手一扳就张开，鱼鳃易张开且黏糊糊的就肯定不新鲜，还要看看鱼表面是否有光泽；又如章鱼和鱿鱼等类别，要看其表面是否光滑，斑纹是否清晰；再比如虾，虾壳应与虾肉紧贴，若很容易就能剥下就一定不新鲜，虾身应该有弹性且壳色不能暗淡；螃蟹以及贝类，其外壳应有光泽，肢体硬且富有弹性。判断螃蟹的膏是否丰腴，可以看螃蟹的底部是否隆起等。

动手是用手摸摸海鲜身体，若表面有黏液就是不新鲜，若无黏液就说明新鲜。然后按压海鲜身体，若其不会深陷下去，肉质坚实有弹性那就是新鲜的。

动鼻是用鼻子闻，若有腥臭味就一定不能购买。

（2）注意采购海产品的时间性。首先，海产品的生产有很明显的季

节性，水产品都有汛期，汛期的产量高、价格便宜、产品质量好；如果不是汛期，产量减少，价格就会贵一些；如果到了休渔期，货源更少，价格更贵。所以一定要有计划，要有未雨绸缪的意识。其次，在不同的季节，水产品的肉质、口感也有很大的差异。比如，以前有一句民谚说："秋风起，三蛇肥。"东北林区的林蛙，一到春天就特别可口。很多水产品也有这种差异性，比如，入秋以后螃蟹是特别肥美的，尤其是阳澄湖大闸蟹，肉质格外甘美，揭开蟹盖，金黄色的蟹膏闪着油光，令人垂涎欲滴，入口齿颊留香。

　　除了看季节，海鲜生长的年龄段也要注意，比如有些鱼类在产卵前的肉质比产卵后要肥美。因为临近产卵期的鱼，体内积蓄了很多脂肪，营养成分也很丰富，身体肥壮，其中的鲜味物质——谷氨酸的含量也增多，因此肉质特别鲜美香甜。而产卵后，鱼的身体瘦了很多，所含脂肪

和蛋白质等营养成分都大不如前，肉质鲜味也自然大不如前。黄花鱼在产卵前和产卵后的区别尤为明显。

当然，海鲜的供应与节假日也有密切的关系。现在，随着生活水平的提高和观念的改变，很多消费者在节假日，特别是长假，都喜欢选择到餐馆聚一聚，或与朋友，或与家人、亲戚，餐馆酒楼的营业额会大幅飙升，作为餐桌上的主角——海鲜当然也会水涨船高，需要量大增。如果餐馆选择在这一段时间开业，更要计划好，要比较准确地预测需要的品种和需要的量。

（3）注意海产品生产的地域性。就算是同一种类的鱼，生长在不同的地域其口感也存在很大的差异。比如，半岛集团属下南海明轩酒家所销售的一个菜式——清蒸西江鲶鱼的主体就是西江某一个地方出的特产，肉质极其鲜美滑嫩，很受客人的青睐。据总经理欧阳志坚介绍，也只有这个地方出产的鲶鱼才有这般肉质，其他地方产的都不能达到这水平；又如，大连的毛蚶，其口感就比其他地方出产的要好。

（4）尽快掌握尽量多的水产品的有关知识。这些知识包括：种类名称及其俗名、产地、品质标准及识别的方法、价格行情等。比如，怎样选购膏蟹与肉蟹就很讲究技巧。首先，要明白什么是膏蟹，什么是肉蟹，其实，两者都属于青蟹，雄蟹就是肉蟹，雌蟹就是膏蟹，其卵巢就是我们看见的膏；其次要弄清楚两种蟹的购买时机，农历九月之前应着重选购雌蟹，因为此时的膏最多最甘香。九月之后就应该主要选购雄蟹，因为这个时候雄蟹的肉最丰满甘甜；再次就要仔细地察看蟹的个体了。蟹壳一定要有光亮，接近生命结束的蟹颜色是暗淡的，蟹脐要凸出，因为

这时一般都膏肥脂满，再看看蟹脚，上面应该是绒毛丛生。又比如，选购海带的时候要懂得优质海带应该是形状又宽又长、呈深绿色或黑褐色，干燥厚实、边缘无碎裂或黄化。

又比如选购鲍鱼就要懂得辨别其真伪优劣。因为鲍鱼在市场上售价昂贵，所以总有些无良商贩在它身上打主意，用根本不值钱的"干石鳖"冒充干鲍出售以牟取暴利。所以选购干鲍一定要很谨慎，要懂得一定的知识。鲍鱼虽然也有一个硬贝壳，但鲍鱼壳的贝壳部很小，壳口很大，边缘有个小孔。鲍鱼足部发达，足底平。市场上的干鲍都已去壳，外形有点像一只小艇，有一个面比较光滑，那是鲍鱼的足底。而上述特征"石鳖"也有，只需稍作加工就能鱼目混珠冒充鲍鱼，不过，只要掌握必要的知识再细加辨别，依然能分辨出来。"石鳖"肉体比鲍鱼薄，晒干后会收缩弯曲，此其一；"石鳖"足底边缘十分粗糙，此其二；最后一个辨别标准，也是最重要的一个标准："石鳖"背部中央有片壳板，加工晒干被剥掉后仍留下一道明显的痕迹，这是鲍鱼绝对不会有的。所以，只要看到背面有此痕迹的所谓鲍鱼就一定是假的了。

但是，真的不等于就是好的，因为还有一个货品的优劣问题，所以在辨别出真假的基础上还要懂得辨别鲍鱼的优劣。首先从外形观察，鲍鱼形状为椭圆，近似元宝锭状，鲍身均匀完整，肉厚饱满，边上有一带花环。表面有些许盐粉，拿到手上，感觉够干度，而劣质鲍鱼体形近似马蹄形，不完整也不均匀，边缘参差不齐，个体大小差异较大，肉质稍薄，仔细看还会看到有枯干灰白残肉，手感略重，显示其干度不足。再看色泽，不应该是暗淡的，而应该是浅棕色或米黄色并呈现光泽，给人

以新鲜感，用灯光影照，鲍鱼中部若略显红色，质量便是好的。而劣质鲍鱼颜色灰褐，毫无光泽，表面附着的那一层灰白色粉稍厚，有时甚至还会带着黑色或绿色的霉斑。

目前市场上的干鲍鱼一般有紫鲍、明鲍、灰鲍三种，紫鲍显光泽，略呈紫色，个体最大，质量最好；明鲍个体也大，但色泽呈黄色，质量也不错；灰鲍个体最小，呈灰黑色，质量较次。

4）蔬菜及粮油类

（1）蔬菜。去市场直接采购也好，供货商送达验收也好，收货时都要把握一些基本的原则，那就是不管在什么情况下都要坚持两不：

一是坚决不买颜色和形状异于常态的瓜菜。比如有的白瓜个头特别

大，颜色特别光亮鲜艳，购买时就要多长个心眼，因为形状、颜色异常的瓜菜很可能用了异常的栽种手段，比如用激素刺激其生长、用了比较多的化学肥料等。又如用常规手段栽种的韭黄，叶子一般较窄，香味浓郁。而当它的叶子特别肥厚宽大，比一般的还要宽差不多一倍时，就可能是使用了激素。有的瓜菜颜色不正常，如特别碧绿或特别鲜艳，则可能是在采收前或浸泡过农药或做过一些化学的处理。

二是坚决不买虫口较多的瓜菜。曾经听人说过，应该买有虫口的瓜果蔬菜，因为有虫吃过证明没有喷洒过农药。其实并不一定是这样的。虫口很多的瓜菜是虫都喜欢吃的瓜菜，种植者为了灭虫就要喷洒农药，瓜菜上就会残存农药。这些虫口很可能是喷农药之前就已经咬下的了。而且实践经验也证明，虫口多的蔬菜一般不好吃。

除了看质量，还要斟酌价格，力争拿到最优惠的价格。

此外，要把握购买的量，因为瓜菜都是鲜生物品，不能久放，久放就会造成菜品质量下降和起用率降低，增加成本，每天一定要把翌日需要的量认真计算好才下单。

（2）粮食。购买粮食要针对自己餐馆的档次以及本餐馆的目标顾客群的消费水平来决定采购品种。质量上一定要比较新鲜，不能有发霉、长虫。采购人员除了认得面粉的品牌外，还应该懂得如何辨别面粉的优劣。首先要看色泽：正常面粉为白色中略带黄。如果是很白的面粉，有可能是过量加用了增白剂，因此面粉并不是越白越好。然后闻一闻，合格的小麦粉没有酸、霉等异味。之后看面粉里有没有过多的麸星，接着用手摸取面粉，若手心有凉爽感，握紧时成团久而不散，可能是含水分

过高。最后可取少量面粉入口仔细品尝，好的面粉不感觉牙碜。

（3）食用油。采购人员要掌握一定的选购食用油的本事。首先，餐馆采购食用油一定要到正规的厂家，决不能到山寨厂去订购，而且一定要对方出示化验单，比如，普通花生油（二级）的理化指标应该是：酸价小于4.0mlKOH/g 油，杂质和水分均小于 0.2%，280℃加热试验后，油色不得变黑，允许有微量析出物。

由于花生油用得广，价格又高，所以很多不法商人都打它的主意，制假出售牟利。所以，掌握一些辨别真假花生油的技巧很有必要。最简便的方法就是闻，如果闻到豆腥味或辛辣味，那很可能是掺了豆油和菜子油；也可以放到冰箱里一段时间，若有白色而不是浅黄色固体产生，则是掺进了棕榈油。又如香油，它也是造假者青睐的对象，采购人员不妨也掌握点辨别真假的技能。香油一拿到跟前，扑鼻而来的就是醇厚、浓郁、独特的香味，如掺进了其他杂油，香味就会大打折扣。再仔细观察，纯香油呈红色或橙红色，机榨香油比小磨香油颜色淡，香油中掺入其他油就会变成深黄色。还可以用筷子蘸香油滴到凉水上，纯香油会呈现出无色透明的薄薄的大油花，而后凝成几个细小的油珠扩散开去。掺假香油的油花厚而小，且不易扩散。小磨香油如掺进了花生油、豆油、菜子油等，则不但香味差，而且会有花生、豆腥等其他气味。

5）干货

归纳以上讲到的具体的干货的采购注意事项，可注重以下几点：

（1）因为是干货，所以首先就要注意干燥度。好的干货拿在手上就能感觉出来：身轻、有一定硬度。特别是很多海鲜干货都要求一定要全

干，否则，很容易就引起霉变。比如虾米，拿在手上要感觉不黏手，有一定的硬度；又比如干的香菇，菇柄要十分坚硬。

（2）注意干货的整体完整性和饱满度以及各种不同干货的形状特征。绝大部分的干货都要求体型完整，结实饱满。比如，牡蛎干一定要肥壮饱满的；又比如，鱿鱼干的体型是部分卷曲的，体型不要太大也不要太小，能跟手掌差不多大就是最好的；花菇的形状特征是柄短朵小，菇伞面肥厚结实，并有白色裂纹；再如木耳，如果很多呈现碎片状的就不好。

（3）留意色泽和光洁度。新鲜的干货，其色泽一般都有一定的亮度。色泽暗淡的质量就打折扣了。比如鱼翅，沙黄色的就最好，如果变成暗红色就不佳了；又比如牡蛎干色泽要选柔润的，发黑就不好了；再比如鱿鱼干，鲜黄色，在灯光下略显透明，表面上有点白灰的质量就是上乘的，如果颜色发红那就不甚新鲜了。

（4）注意味道。不管是植物类的干货还是海鲜干货，新鲜的、优质的一般都一定有清香的味道，绝不会有霉味或臭味。海产干货如果闻之有一股刺鼻的氨味，那一定就是变质的了；鲍鱼干带腥味的就不好了。

（5）注意产地，不同产地的干货性价比存在很大的差异，比如干贝，我国大连产的就比不上日本产的江珧柱，但比越南产的要好。

（6）要到有信誉的商家去购买，一次性购进不要太多，以防放久了变质。

三

开业采购的行为管理

企业管理的本质是人的管理，而人的管理的具体化是人的行为管理。

所谓行为管理，就是用制度、用一定的奖惩手段规范员工的职业行为，使员工明白：什么事情是可以做的，做了就能得到社会的肯定甚至奖励；什么事情是不可以做的，甚至在什么情况下都不能做的，做了就必然受到惩罚。目的是让所有员工都能自觉地接受管理部门或上级的监督，约束自己的行为，并使之健康发展，以维护企业的持续发展。

有些餐馆对此有非常严格的规定，比如，不得参加由供货单位或个人为其支付费用的旅游、休闲、娱乐等活动；不得参加由供货单位或个人组织的吃喝活动；不准接受供货单位以及有关个人的邀请，到营业性歌舞厅、夜总会等娱乐场所玩乐甚至接受色情服务；不得参加各种形式的赌博、封建迷信、吸毒贩毒等活动。并严格规定，凡是违反以上规定的，马上视情节给以处分。轻则调离岗位、降级降薪，重则开除并视情

况移送司法机关。

　　文明的经商行为是从严明的奖罚中走出来的。但是，罚毕竟被动，也很痛苦，不管是施罚的还是受罚的，谁都不想发生如此不愉快的事情，我们应该张扬、倡导一些必要的行为来尽量减少不良行为的产生。

（一）试行采购联动

　　以往，采购全是采购部门的事情，其他部门不参与，这种完全分离的机制往往容易造成采购行为在一定程度上脱离实际需要，也不利于财务的监督。因此，逐渐有一些餐馆开始试行联动式的采购，即每次要执行采购任务的时候由采购部和财务部以及需要购买物料的部门派出的人员组成联动采购组，一起全程参与行动，如市场调查、确定价格、确定

供应商、确定采购量等。组长由采购部的人员担任，组员不是固定的人员，该采购组也无须设固定办公地点，采购任务完成各人回到自己的岗位。采购申请单由总经理审批，总经理一般可不参与采购行动。采购过程中的具体交易行为由采购人员负责。如此，采购行为就增加了透明度，可完全处于财务部和其他使用部门的监管之下，有利于减少采购数量或采购质量不符合实际需要的现象，减少腐败行为的产生。

这种联动采购，也可扩展到与一些关系比较密切的同行一起行动，因为彼此联合起来可以增大采购量，从而有利于从供应商那里拿到更高的折扣，降低采购成本。

不过，联动采购也有其局限性。因为不是固定的组织机构，人员也不固定，而且还会占用其他部门的人员的工作时间，因此一定要做好协调工作。

更有些餐馆，对于那些每天都要用到的、消耗比较大的原材料，在落实了供应商之后，干脆由出品部向他们下单，令其直接送达使用部门，然后由财务部、采购部协同验收。这样省却了一些环节，只要保持监督机制的健全，持之以恒地做好教育宣传，切实做好日常的监督管理工作，也是可行的。

（二）固定采购点

这是管理采购行为的一个很重要的环节，在与供应商经过一定时间（一个月或者两个月）的合作后，由总经理、副总经理、财务主管、厨

师长或出品部主管、采购主管和有关部门的主管共同商定对供应商的取舍。应认真考察供应商的详细资料，如货品范围、供应数量与质量的稳定性、经营的有关证照是否齐全、其资金情况是否属实、执行试用合同的履约情况等。这主要是为了有效地控制采购的价格，保证原料的质量，并稳定供货渠道。这种固定采购点的做法称之为定向采购，供需双方要预先签订合约，以保障供货价格的稳定。定向采购的前提一般是价格合理，质量有保证。

上述人员可采取不记名投票的形式以确定供应商，然后由总经理与之签订供货合同，合同期一般不要超过一年。供应商一旦确定下来，采购部门就要坚定不移地执行集体的决定，就要忠实地履行合同，不可随意改变采购点。如果在合作的过程中出现问题，也要首先以协商的姿态与对方打交道，如果对方严重违约，就要及时报告总经理，迅速组织上述人员对其重新审议以决定其去留。

（三）制订采购行为守则

（1）必须严格要求各供应商按照餐馆下达的采购计划的数量、质量、规格依时把货送交餐馆仓库或有关部门验收，不得超计划（±3%）交货或提供过期变质食物。否则，餐馆有权退货并拒绝支付该品种当天的全部货款。

（2）餐馆采购部应于进货前一天（下午5：00前）把翌日的鲜活货类由采购做计划交各供应商办理，并要求其按照计划于翌日上午8：30~9：30

将此货物送至餐馆有关部门，不允许供应商以任何理由推迟交货时间。

（3）餐馆可以以十天为一个定价期，应要求各供应商必须在每月的8号、18号、28号将下一期的报价送交餐馆采购部审阅，并由采购部送总经理批准并送总厨备案。

（4）对于价格较稳定的汁酱、酒水、干货等，可采取稍长一点时间的定期报价的形式，但每次价格变动前必须要求供应商先将报价单交餐馆采购部审阅，并由采购部送总经理审批并送总厨和营业部备案。

（5）对于一般的鲜活原料，适宜用限价采购，那就是对所需购买的原料规定或限定进货价格，这种方法是在委派专人进行市场调查、获得市场的物价行情并进行综合分析提出中间价的基础上进行的，而绝对不是只凭管理者的想象。

（6）采购部必须定期提请总经理组织有关人员对供应商的供货质量、供货时间等进行评议，必要时对一些供货质量差、数量不符、不守时的供应商作更换或淘汰。

（7）每天检查并熟记各生产部门的物品需用量，务必保证充足的货源供应，绝对不能缺货。

（四）健全市场行情记录

所谓市场行情，就是需要采购的有关商品的全面的信息，包括产品的种类、名称、产地、出产季节以及其时间价差、季节价差、地区价差、级别价差、产地价差、数量折扣、结算周期等。熟知市场行情是采购员

的基本功之一，一个对市场行情不甚了解的采购员无法成为一个与供应商打交道的出色谈判手，因而也就难以在本岗位取得出色的成绩。所以，当采购员一定要非常勤勉，经常保持对市场价格变化的第一手资料的掌握，绝对不能有偷懒取巧的思想意识，这就需要多渠道地了解市场：

（1）自己亲自跑市场或与供应商保持比较密切的电话联系。

（2）通过同行。

（3）上网查阅有关资料。

（4）关心政策和有关规定，有强烈的节假日推销的意识，并以此为依据对市场做预测。比如在休渔期前、周末、长假黄金周前要未雨绸缪，以保持商品供应及价格的相对稳定。

有关上级部门对采购员的这一基本工作要有具体的要求，定时地检查督促，要求他们每隔一段时间填一份市场行情的表格供采购主管以及

总经理参考（见下表），以促使他们自觉地积极地去了解行情。

餐馆采购行情记录表　　　　　　　　类别：

产品名称	产地	等级	规格	包装	考察时段	最低价	最高价	平均价	备注

注：类别可分为物料、餐料、水产品、肉类、禽类、蔬菜类、干货类等。

通过此表可以考察采购人员对市场的熟悉程度及工作态度，同时也可以总结市场价格走势的规律。

（五）应知应会教育

采购人员的应知应会培训应该是经常性的，由采购主管负责，总经理或主管副总经理应经常性地督促或亲自参与。

培训内容有以下几项：

1. 传授或交流原材料、餐料知识以及采购经验

由于餐饮业发展很快，从新产品的生产到使用价值的提升，原材料、餐料的更新也随着市场的变化加快了频率。因此，认识也必须随之提高才能跟上时代的步伐，满足餐馆经营的需要。

2. 传授和交流一些采购技巧和手法

（1）要求采购人员在与供应商打交道的时候善于运用竞争报价的手法，以获得理想的采购价格。

（2）增大购货量和选择大规格包装。可根据餐馆的需要适当增大购货量，因为大批量采购可降低原料的价格，这是有效降低采购价格的一种策略；另外，当某些餐饮原料的包装有大规格又有小规格时，一般应选择大规格，因为大规格的单位价格会比小规格的低。这对于提高货品的净料率和使用率是很有效的。

（3）会抓采购时机。市场价格取决于市场的供求关系，而供求关系是经常变化的，一些餐饮原材料在市场上供过于求的时候，价格就会降

下来，这时，如果餐馆日常用量较大，而质量又符合要求，那就要趁机入货积存，当价格回升时不至于成本也随之而起。一些应时的原料刚在市场上冒头的时候价格是最贵的，此时，采购量应尽可能减少，只要不因缺货影响餐馆经营的正常运作就可以，因为随着时间的推移，上市量增大，价格一定会下跌，等价格稳定时再多采购。

（六）定期做总结与计划

要求采购人员定期写出工作总结和下一步计划，从工作内容、完成事项、重要事项处理情况、存在问题、取得什么经验、下一步工作计划等方面做个简短的总结，以一个月一次为宜。如此，能促使采购人员的素质从反思中得到提升。

（七）扩大教育范围

由于很多餐馆的采购程序是采购员负责采购，等到所购之物品送到餐馆后由各个部门的主管验收，因此，对采购行为的管理也应扩大到这些验收的人员。如果不对这些行为实行严格的监管，就有可能发生采购员和这些主管以及供货方勾结损害餐馆的行为。

四

开业采购的财务管理

财务管理是餐馆开业采购过程中的重要工作，它不仅反映采购的成本，而且关系到餐馆以后的经营。

（一）制订采购预算

总经理应在筹备阶段之初召集副总经理或总经理助理以及各部门的主管一起研究确定整个餐馆开业期间的采购预算，逐一核定各部门所需物品、设备的采购清单，制订出筹备期间采购物品、设备的程序与政策，报销的程序与政策，采购金额一定不能突破预算。

（二）审查合同

执行合同的最终指向和结果是资金的流向和资金的有效使用程度。因此，对合同的审查，从财务的角度来说是对管理采购行为的极其重要的一环。合同订得不好，存在漏洞，会造成直接的资金损失。

1. 签订采购合同应该遵循的原则

（1）签订合同的当事人必须具备法人资格。所谓法人，是指有一定的组织机构和独立支配的财产，能够独立从事商品流通活动或其他经济活动，享有权利和承担义务，依照法定程序成立的企业。如采购对象是农户则例外，可现金交易，钱货两清。

（2）合同不能违法。即所签订的合同不能违反国家的法律、法令、方针和政策，其内容应符合有关合同管理的具体条例和实施细则的规定。

（3）签订合同必须坚持平等互利、充分协商的原则。

（4）当事人必须以自己的名义签订合同；如需委托他人代签，必须给以委托证明。

（5）签订合同必须采用书面形式。

（6）合同应该盖有法人的公章和法定代表人或受委托人的亲笔签名。

2. 所签订的采购合同包含的内容

（1）合同号。

（2）签订合同的双方名称及其地址、电话、法定代表人等信息。

（3）购销的货品名称以及产地、品种、数量、质量等级、包装等的详细界定。

（4）交货价格以及交货地点。

（5）交货方式及交货时间。

（6）购货方验货方式和验收标准。

（7）运输费用及装卸费用的承担约定。

（8）结算方式（付款时间、付款方式、开具发票的说明）。

（9）双方的权利义务。

（10）关于保密的说明。

（11）必要的附件，如送货清单等。

（12）违约责任以及不可抗力导致违约的说明。

（13）产生纠纷的解决方法。

（14）合同有效期。

（15）其他约定。

（三）管理好备用金

为了采购的方便，采购员手上一般会握有一定数量的现金以备不时之需。备用金的借出必须有严格的手续，首先必须由借款人填写一式三联的备用金申领单，按规定格式填写借款日期、借款部门、借款人、借款用途和借款金额等内容，然后由采购主管审批，再交总经理或主管副总经理审批，最后交财务总监审核"借款单"各项内容是否正确和完

整，经审核无误后才能由出纳员把现金交付借款人。备用金的数量一般视餐馆的经营规模而定，要设定上限，超过上限的临时应急备用金要经董事会执行董事审批。对备用金的冲销也应有严格的规定。如果是供采购员出差用的备用金，要求必须在回来后三天之内集中所有的单据到财务部索取"报销单"，填写好"报销单"的各项规定内容，并经采购主管、主管副总经理或总经理、财务总监审批后，再将"报销单"携回财务部，经财务人员审核无误后，办理报销手续。此时，财务人员应查明报销人员原借款金额，如使用金额大于原借出金额，把报销的超支款项即时付现退还借款人，如报销金额低于所借备用金金额，应要求其立即退回余额，以结清账款。

若是以备用金采购货物，也必须及时报账，不能长时间拖着，每月在规定时间内，财务部必须及时清理备用金台账，采购人员必须将备用金归还，在需要的时候再借出。如果采购人员不按时归还备用金，财务部应催办，如催办仍然无正当理由不归还的，财务部应该采取措施，征得财务总监或总经理同意，可从下一个月起，直接从其工资奖金中扣除。

（四）应收应付账款管理

对应收应付账款的严格管理是资金管理的极其重要的一环。应收回的迟迟不能收回，肯定会有原因，这原因是什么，财务人员要通过对报表的分析发现问题报呈总经理和财务总监，协同采购人员一起找出原因。有些应付款长期滞留，不要以为这是对公司有利就置之不理，也要定期

报呈领导，研究其中是否有与供应商在什么采购业务上的问题没有解决。

（五）核查有关费用及凭证

财务总监在采购到货后要及时组织有关人员对以下内容进行例行的、细致的核查。

1. 核查采购费用

采购费用含所采购物资的运杂费（如本企业仓库交货就没有这项费用）、装卸费、运输途中的保险费以及合理损耗、入仓前的整理费用、依法缴纳的税金、采购人员的差旅补贴等。这些费用，可按照价值比例分摊到各类材料中去，计入成本。

2. 核查入仓材料数量

核查的内容是看入仓材料是否账实相符，账多实少或账少实多都不符合要求，都要追查出原因。要注意估价入账的部分。

3. 核查运输途中的损耗是否合理

（1）首先查明是属于损耗还是发货数量不足。如属发货问题，要向供货单位追索不足的部分。

（2）如果是损耗，要先看有没有超过定额损耗的范围，如果没有超过，那就按实际数量入仓，并重新调整单价；如果超过了定额损耗的范围，还要看是否属于不可抗力的因素造成，如果是要书面报告财务总监和总经理或主管副总经理，批准后方可把损耗摊进成本；如不是属于不可抗力的因素造成，那就要查明原因，在查明之前先按"待处理财产损

失"处理。如果是人为的因素造成，比如不及时办理托运，中途疏于照管以致损坏、丢失或者被盗，那就要追究当事人的责任。如果该损失在保险范围内，要及时向保险公司提出索赔。

4. 核查有关的凭证

这些凭证包括购货发票、运杂费发票或正式收据、送货清单、收料单、验收单等，核查人员要辨别这些单据是合法的还是伪造的单据，单据上的数字有无涂改。

五

开业采购的仓库管理

仓库管理是采购管理的一个重要环节，没有完善的仓库管理就一定不能实现低成本的采购。

（一）入库管理

开业之初，有些购进的物料是需要放进仓库的，但很大一部分无须放进仓库。所以开业之初选择物料、设备进场的时间很重要，比如，办公室需要的大件物品或者不是急用的用品一定要等到办公室完全装修好才能购进，而且还要根据房间的形状、实用面积的大小来订购家具。所以，总的原则就是要提早订购，及时进场。

直接送到使用地点的物料、家具、厨具、餐具等虽然没有进到仓库，但是同样必须验收并填写进仓单，然后马上填写出仓单并同时办理领用

手续，由使用部门填写领用单经部门主管签字，然后经总经理或主管副总经理审批，最后仓库主管审核无误方可入账。

任何物料到货时，采购人员必须在场参加验收，核对商品种类、型号、规格、外观形象、数量，检查质量、包装、使用期限以及有关的合格证书和技术认证等是否符合订购单或合同的要求，不符合要求的坚决拒绝进仓，防止混进型类相同但质量规格不同的产品。

每月持验收存单与会计核账，要求分类开列，数目条理清楚。

（二）存库管理

（1）临时进仓放置很短时间的物品不能随意乱放，必须按照有利于先进先出的原则摆放。食品和用品必须分开放置，有条件的要分仓保管。

（2）仓库里的物料不能混放，进出量大的地上堆放，中转量小的货架存放。地上堆放的以分类或规格的次序排列编号，货架存放的要保持库容的整齐和摆放的齐整，要按照其类别分区、分排、分架、固定位置存放。每样物料都必须有标示牌，上面清楚地列明物料的名称、规格和数量。

（3）仓库必须保持通风、干燥、清洁。一定要保证所保存的物料达到以下标准：不长锈，不变形，不变质，不破损，不腐烂，不发霉，不受潮，不爆炸，不渗漏。有些物料应加垫或重新包装的要及时处理。

（4）存放在仓库的物料，一定要建立并坚持定期盘点的制度。开业筹备之初，仓库物料进出频繁，最好是一周简单盘点一次。

盘点的目的简单来说就是看看是否账账相符和账实相符，前者的意思是仓库的材料账与财务的库存账是否相符，后者的意思是仓库的材料账以及财务的库存账与仓库的实物及其价值是否相符，如果仓库的实物或价值多了就是盘盈，否则就是盘亏。发现盘盈或者盘亏都要重新盘点一次，确定了盈亏就要做好记录，分析原因，日后改进。

（5）仓库管理员对库存物资有不可推卸的经济责任和法律责任，因此必须做到人各有责，物各有主，事事有人管。材料的收支差额与结存数应该一致。仓库物料如有贬值、损失、报废、盘盈、盘亏等，仓库管理员不可以自作主张地采取"盈时多送，亏时克扣"的做法，而必须找出确切原因，报上级主管。

（三）废旧物料的回收管理

这项管理，强调的是必须有回收价值的物料，所谓有回收价值一是还能利用或使用，二是能卖得出去的废品，包括：

（1）各式各样的包装物。

（2）员工调离或工种变换必须交回的旧的工具。

（3）因领新或损坏而交回的旧工具及电器等。

（4）金属的边角料。

能使用的或简单修理就能使用的继续使用，不能使用的报仓库主管及总经理或主管副总经理批准可以变卖，但变卖收入一定要交财务部门入账。任何餐馆人员都不得擅自处置这些废旧物资。

（四）出库管理

餐馆开业筹备之初应该建立健全的物料出库制度。

出库管理的要旨是"先进先出、推陈储新"，这是仓库物料出库应遵循的基本原则。

仓库一切物料的出库，都必须由领用人员凭领用部门主管签章的"申请单"或仓库上级部门的"出货通知单"到仓库办理出库手续。

出库必须填写出库单。出库单内容包括领货单位、货物入库时的批号、品名、规格型号、数量、日期、仓管员签字等。

　　填好出库单后，要复核领料数量、规格品种与库存是否有出人，经复核确认无误后，即予放行。

　　放行后应马上记账，记账内容为：物料编号、出库日期、品名、规格、数量等。账目应做到：真实记录出库及结存数，必须账物相符；要求笔笔有结算，日清月结，不做假账；手续健全，账页清楚，数据准确；如果出现问题，要请示上级，经处理后，账面反映要明确，并加以如实说明。

六

开业采购的有关表单

管理既是无形的，也是有形的，一张张的表格，显示了一步一步的管理进程。

（1）申购单。

（2）食品原料申购单。

（3）食品原料验收单。

（4）饮料原料进货申购单。

（5）饮料验收日报表。

（6）饮料存料卡。

（7）饮料领料单。

（8）饮料验收汇总表。

（9）宴会酒吧领料单。

（10）餐饮用具、用品盘点表。

（11）餐厨用具领用单。

（12）厨房领料单。

（13）采购规程表。

（14）收货凭证表。

（15）收货日报表。

（16）中餐厅入厨单，中餐厅点菜用，一式四联。

（17）西餐厅入厨单，咖啡厅酒水吧用，一式三联。

（18）写菜单，中餐厅写菜用，一式三联。

（19）宴会菜单，呈送宴会主人用，一式一份连信封。

（20）订位簿，客人订位用，一年四季用。

（21）每日采购单，厨房部用，一式三联。

（22）内部调拨单，出品部互相转拨，一式三联。

（23）杂项领物单，各部门提取杂物用，一式三联。

（24）饮品申领单，出品部提取食品，一式三联。

（25）食品申领单，餐饮部提取饮料，一式三联。

（26）采购申请单，各部门申请购物用，一式四联。

（27）特别介绍卡，厨师特别介绍菜式用。

（28）贵宾席卡，编排贵宾入座用。

（29）留座卡，客人留台用。

（30）结账单，各部门结账用，一式两联。

（31）工程维修单，各部门维修工程用，一式两联。

（32）点心卡，中菜部用，一式一联。

（33）筷子套，中菜部用，印有本店商标。

（34）杯底垫，各部门可用，印有本店商标。

（35）纸餐巾，咖啡厅早餐用，印有本店商标。

具体图表、单据请参看《半岛唯高餐饮经典》的《餐饮业经营管理实用图表》一书，有些表单在财务用品商店有现成的出售。

后　记

经过一段时间的精心策划和辛苦努力,《唯高餐饮经典书库》终于和广大读者朋友见面了。

对于这套丛书的出版,我们感到无比欣慰和振奋!

多年来,我们一直高度关注着中国餐饮业的发展,而且为此付出了自己的心血和汗水。我们对中国餐饮业不仅展开了深入细致的调查、分析和研究,而且在这一领域取得了极为丰富的研究成果。

正是在长期研究的基础上,我们得出了一个结论:"三百六十行,餐饮为王。"无数事实证明,我们的这一判断是非常正确的。的确,中国的餐饮业已经造就了数以万计的百万富翁、千万富翁乃至亿万富豪。

这些事实说明,中国的餐饮业大有可为,其中潜藏着无穷的宝藏和无尽的机会。由此我们更加认清了从事餐饮业研究的宝贵价值和重要意义,也更加坚定了我们继续努力的自信心和自豪感。

这套丛书的策划、出版,正是我们多年研究成果的结晶和展示。当您读完这套丛书中的每一本书的时候,都一定会有很多感受和想法,或

觉得受益良多，或感到意犹未尽，或有了进一步的启发，或发现了其美中不足之处……无论您的想法是什么，我们都真诚地希望听到您的宝贵意见和建议，以便我们将来做得更好。

衷心希望这套丛书的出版，能够给广大餐饮业界人士提供有益的支持和帮助！

欢迎您多提宝贵意见！

《唯高餐饮经典书库》编委会

2010 年 2 月

中国物资出版社《唯高餐饮经典书库》目录

序号2：《第一次开餐馆》

内容简介：

　　餐饮市场的红火，吸引着大量的投资者，而在这众多的投资者中，有相当一部分是从未开过餐馆的，因此，《第一次开餐馆》是众多投资者的必读书。

　　开本：16 开　　定价：29.80 元

序号3：《第一次当主管》

内容简介：

　　当好餐饮企业的各级主管，必须具备领导才能和丰富的从业经验，阅读本书对第一次当主管的读者充实自己、掌握管理技巧大有好处。

　　开本：16 开　　定价：29.80元

序号4：《餐饮业经营管理实用图表》

内容简介：

　　本书所列举的图表是许多从事餐饮业多年的人士实践经验的总结，实用性很强，是科学管理必不可少的工具书。

　　开本：16 开　　定价：36.00 元

序号6：《从侍应到主管》

内容简介：

　　从侍应到主管是人生的成长期和发展期。本书讲述了在这两个时期面对的问题、应掌握的技能、如何积累、成功晋升等，无论您是刚刚入行，还是在现在的岗位已经小有起色，读后都会令您有惊喜的收获。

　　开本：16开　定价：29.80元

序号7：《餐厅礼仪》

内容简介：

　　服务员应如何接人待物、如何笑迎宾客，《餐厅礼仪》一书全面教您如何成为一位出色的服务员。

　　开本：16开　定价：29.80元

序号8：《第一次当厨师》

内容简介：

　　新厨师从烹饪学校毕业到社会，差异万千，怎样提高厨师的经营理念，如何提升厨师的烹饪技艺，本书较全面地从实战的角度展开论述。

　　开本：16开　定价：29.80元

序号9：《刀工》

内容简介：

　　精美的刀工是厨师十八般武艺中上乘的"武功"，细细研读此书，您便能获得"闯荡江湖"的本领。

　　开本：16开　定价：29.80元

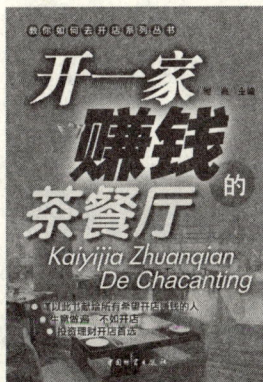

序号10：《顾客应对技巧》

内容简介：

　　各级主管、服务员在日常工作中应如何接待顾客、处理好与顾客的关系，本书详尽教您如何做一位好主管、一位好服务员。

　　开本：16开　定价：29.80元

序号13：《开一家赚钱的茶餐厅》

内容简介：

　　本书从选址、开业、管理等8个方面告诉读者如何开一家赚钱的茶餐厅，随着茶餐厅在内地的崛起，相信本书对有志开店创业的人会有所帮助。

　　开本：16开　定价：29.80元

序号 17：《火候》

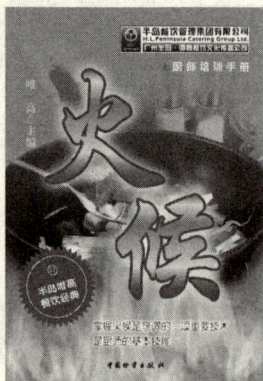

内容简介：

俗话说："南火北刀。"南派厨师讲究火候，即锅气。火候的掌握是厨师的基本功，本书介绍了各种烹饪技法、各大菜系的烹制火候，是培训和自学的必要参考。

开本：16 开　定价：29.80 元

序号 19：《餐馆楼面管理》

内容简介：

本书涉及餐馆楼面管理，广度与深度相结合，横向与纵向相联系，力图让读者轻松而高效地抓住做好楼面主管的真谛。

开本：16 开　定价：29.80 元

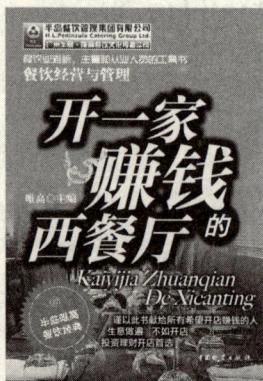

序号 22：《开一家赚钱的西餐厅》

内容简介：

本书介绍了经营风格独特、环境幽雅、价格公道的西餐厅的成功之道。

开本：16 开　定价：23.00 元

序号 30：《餐馆经营管理实战与培训》

内容简介：

　　开餐馆应如何经营和管理？本书由拥有 20 年餐馆经营实践经验的专业人士编写，不但经验丰富，而且对实践与培训有独到的见解和过人之处。

　　开本：32 开　定价：23.00 元

序号 31：《餐馆持续发展百问百答》

内容简介：

　　餐馆是许多人认为赚钱的行业，也是许多人跃跃欲上的门槛。但是，有人做得红红火火，餐馆持续发展；有人却惨淡经营，最后关门停业。为什么？《餐馆持续发展百问百答》将逐一为您解答这些问题，想开餐馆的朋友真的不可不读。

　　开本：32 开　定价：22.80 元

序号 32：《高中低餐馆赚钱 250 则》

内容简介：

　　本书将教您如何开各种类型的餐馆，同时，也是一本适合高、中、低不同档次餐馆的经营和从业人员阅读的好书。

　　开本：32 开　定价：28.00 元

序号 33：《怎样提高餐馆人员商业素质》

内容简介：

　　提高餐馆从业人员的素质，是餐馆持续发展的重要保证，本书将教您如何提高自己的素质。想开餐馆的朋友不妨一读。

开本：32 开　　定价：26.00 元

序号 34：《餐馆财务百问百答》

内容简介：

　　财务是企业的命脉。开餐馆面临的如何进行财务预测与分析、如何制作餐馆财务报表、如何做好财务资金管理、如何创收、如何压缩投资成本提高利润等问题，本书将为您一一解答。

开本：32 开　　定价：28.00 元

序号 35：《餐馆投资百问百答》

内容简介：

　　这是一本教您投资餐馆"入门之道"的书。开餐馆必须具备足够的条件，必须科学投资与策划，必须科学预测与分析；而投资成败往往只在一念之差。本书是希望投资餐馆和希望创业成功的朋友不可不读的好书。

开本：32 开　　定价：28.00 元

序号 36：《餐馆厨师实用手册》

内容简介：

　　开餐馆需要怎样的厨师？如何做一名出色的厨师？《餐馆厨师实用手册》一定能帮您！

开本：32 开　　定价：28.00 元

序号 37：《餐馆服务实用手册》

内容简介：

　　开餐馆需要怎样的服务人员，服务人员应如何做好餐馆经营中的"客我"交往，怎样做一名"双赢"的服务人员？《餐馆服务实用手册》一定会给您启迪！

开本：32 开　　定价：28.00 元

序号 38：《如何开一家赚钱的餐馆》

内容简介：

　　开餐馆当然想赚钱，但如何赚？《如何开一家赚钱的餐馆》一定是您理想的创业宝典！

开本：32 开　　定价：28.00 元

序号 39：《餐馆管人 36 招》

内容简介：

    餐馆如何管人，《餐馆管人 36 招》教您把握管人的原则。

开本：32 开　定价：28.00 元

序号 40：《餐馆用人 36 计》

内容简介：

    餐馆如何用人，《餐馆用人 36 计》教您掌握用人的原则。

开本：32 开　定价：28.00 元

序号 41：《餐馆赢在细节》

内容简介：

    细节决定成败，细节乃日常生活中的点点滴滴，因此，要开一家成功的餐馆，必须从点点滴滴做起、从细节做起！

开本：16 开　定价：29.80 元

序号 42：《餐馆危机处理》

内容简介：

危机处理是餐饮企业的一项必不可少的日常工作。面对危机事件从容面对、化险为夷、变被动为主动是一门学问，也是从业技能。因此本书不可不读。

开本：16 开　　定价：29.80 元

序号 43：《餐馆赢在决策》

内容简介：

本书介绍了餐馆在策划、选址、选项、菜品、定价、定位、服务、装潢等各个方面做决策时应考虑哪些问题，帮助读者成功创业。

开本：16 开　　定价：29.80 元

序号 44：《餐馆赢在督导》

内容简介：

餐馆的督导者在经营管理中起关键作用，本书帮助他们提高执行能力和工作绩效，规范餐饮行业管理。

开本：16 开　　定价：29.80 元

序号 45：《餐馆营销学堂》

内容简介：

　　本书针对现有餐饮企业管理、营销等多个层面值得注意的问题，总结经验、规律，提出解决之道，既有理论，又有心得。

　　开本：16 开　定价：24.80 元

序号 46：《餐馆经营实战讲堂》

内容简介：

　　本书对餐馆经营过程中涉及的团队管理、激励机制的建立、各个环节的有效监控、营销策略等实际问题给予了深入浅出的讲解。

　　开本：16 开　定价：29.80 元

序号 47：《餐馆开业采购指南》

内容简介：

　　本书详细介绍了餐馆开业所需物品的品种、数量，帮助读者正确选购，控制成本。

　　开本：16 开　定价：26.00 元

序号 48：《餐馆经理必备》

内容简介：

　　本书论及的各种问题和提出的解决方法均切合实际，是一本指引餐馆经理跻身于优秀者行列的实用指南。

开本：16 开　　定价：26.00 元